헤겔과 그의 시대

HEGEL TO SONO JIDAI
by Takeshi Gonza

ⓒ 2013 by Takeshi Gonza
First published 2013 by Iwanami Shoten, Publishers, Tokyo.
This Korean language edition published 2014
by b-Books, Seoul
by arrangement with the proprietor c/o Iwanami Shoten, Publishers, Tokyo.

헤겔과 그의 시대

곤자 다케시 | 이신철 옮김

도서출판 b

| 일러두기 |

1. 이 책은 곤자 다케시의 다음 논저를 완역한 것이다.
   權左武志, ヘーゲルとその時代, 岩波新書(1454), 2013.
2. 본문에서 인용의 출처는 괄호 속에 약호로 표기되어 있다. 자세한 사항은 권말의 참고
   문헌에서 확인할 수 있다.

차 례

머 리 말

두 가지 서로 다른 헤겔상

어떤 사상이나 철학이 그 시대를 지배할 때, 그것은 우리의 사고방식을 특정한 흐름으로 휩쓸어가고 행동을 하나의 방향으로 이끄는 보이지 않는 힘을, 때로는 두려워하지 않을 수 없는 힘을 발휘한다. 이 점은 맑스의 사상이 1917년의 러시아 혁명으로부터 1989년의 동서 냉전 종식에 이르기까지 20세기의 세계사를 크게 움직였던 시대를 상기한다면 쉽게 이해될 수 있을 것이다. 최근의 일을 가지고서 이야기하자면, 2001년부터 미국과 일본의 정권을 몰아세운 시장 원리 만능의 신자유주의적인 '개혁'이나 중동을 민주화하는 '정의로운 전쟁'이라는 사상이 세계 각지에서 경제 위기와 군사 충돌을 초래한 사례를 들 수 있다. 이 정도로 눈에 확연히 드러나는 형태로는 아니라 할지라도, 19세기부터 20세기에 걸쳐 가장 지속적인 영향력이 있었던 사상은 바로 헤겔 철학이라고 해도 지나친 말은 아닐 것이다. 19세기 독일의 철학자 헤겔(Georg Wilhelm Friedrich Hegel,

1770-1831)은 독일 역사주의와 맑스주의 그리고 니체파의 실존철학이라는, 헤겔로부터 파생된 사상들과 함께 최근까지 우리의 사고양식을 깊숙이 규정해 왔다고 말할 수 있다.

예를 들면 2008년 9월의 금융 위기 이래로, 복지 국가를 구축한 뉴딜 리버럴리즘이 다시 되살아나게 되었다. 미국 리버럴리즘의 전통을 가장 체계적으로 근거지은 철학자 롤즈는 하버드 대학의 강의에서 헤겔을 "점진적 개혁에 공명하는 자유주의자"라고 부르고 있다. 그리고 헤겔을 칸트나 J. S. 밀과 더불어 "자유와 관련한 자유주의"의 역사에서 중요한 범례로 자리매김하고, 자신의 저서 『정의론』도 그로부터 많은 것을 배웠다고 인정하고 있다. 롤즈에 따르면, 헤겔이 구상하는 국가는 통상적으로 말해지듯이 1820년 이후의 복고적 프로이센을 정당화하는 시도가 아니라 하르덴베르크 재상이나 훔볼트 내무부 국장 등 프로이센 개혁파가 생각하고 있던 자유주의적인 국가상과 통한다고 한다(롤즈, 2000).

롤즈가 주창하는 자유주의자 헤겔이라는 논의는 최근 반세기 사이에 헤겔상이 커다란 전환을 이루었다는 것을 선명하게 보여준다. 왜냐하면 얼마 전까지 헤겔은 "프로이센 복고 정신의 학문적 거처"를 제공한 "프로이센의 국가 철학자"라고 생각되어 왔기 때문이다(하임, 1857). 그뿐만 아니라 헤겔은 프로이센 재상 비스마르크에 앞서 "보수적 국민국가 사상"을 설파한 독일 내셔널리즘의 사상가(마이네케, 1907)로, 더 나아가서는 개인은 아무것도 아니고 국가가 전부라는 국가 숭배를 이야기한, 플라톤 이래의 "열린사회에 대한 투쟁"의 담지자로 해석되어 왔다(포퍼, 1945). 요컨대 헤겔 철학은 1848년 3월 혁명의 좌절로부터 1871년의 독일 통일을 거쳐 1933년의 나치스 정권에 이르는 그 후의 한 세기에 걸친 독일사에 책임이 있다고 생각되었던 것이다.

이에 반해 지금부터 반세기 가량 전에 철학자 리터는 헤겔 철학을 "그 깊은 곳에 이르기까지 오로지 혁명의 철학"이라고 특징짓고 프랑스 혁명에 대한 헤겔의 긍정적 태도를 역설하는 한편, 헤겔을 혁명으로부터 출현한 새로운 시민사회를 이론화한 철학자로서 다시 파악했다(리터, 1957). 또한 프랑스의 철학자 동트는 프로이센 개혁파와 제휴한 "진보적 개혁자", 자유와 통일을 지향하는 학생들의 운동을 지원하는 "압정에 괴로워하는 자들의 변호자"라는 "알려지지 않은 헤겔"을 재발견했다(동트, 1968). 이리하여 최근 몇십 년 사이에 프로이센의 국가 철학자라는 전통적 해석은 비-프로이센적인 시민사회의 철학자라는 새로운 헤겔상으로 전환되게 되었다(아비네리, 1972). "점진적 개혁에 공명하는 자유주의자"라는 앞의 롤즈의 해석도 헤겔상을 혁신하는 이러한 작업의 성과가 나타난 것이라고 볼 수 있다.

하지만 어떻게 해서 헤겔이 프로이센의 복고 철학자 또는 독일 내셔널리스트나 전체주의자와 쉽게 동일시되어 왔던 것일까? 그 이유를 생각해 보면, 해석하는 자가 1848년, 1871년, 1933년이라는 그때그때마다의 시대 관심에 크게 제약되어 현재의 가치관을 과거의 해석에 투영해 왔기 때문이라는 것을 알 수 있다. 예를 들면 금융 위기가 일어나기까지 미디어는 정권에 의해 선전되는 자기 책임론이나 경쟁 원리를 의심하려고 하지 않았듯이, 우리 자신도 현재의 가치관을 의심하기를 잊어버리고 보이지 않는 시대의 분위기에 크게 좌우되는 경향이 있다. 이러한 의미에서 해석하는 자가 '시대의 아들'로서 자신이 살아가는 시대에 제약되어 있다는 것은 1930년대를 비롯한 과거의 역사를 돌이켜 보면 곧바로 이해할 수 있을 것이다. 요컨대 바로 우리 자신이 시대에 제약되어 있다는 것을 자각하고 현재를 좀 더 잘 알기 위해서 우리는 과거의 시대를 알고 역사로부터 배울 필요가 있는 것이다.

시대 체험의 사상화

그러면 현재의 가치관을 그대로 과거에 투영하는 종래의 잘못을 반복하는 것이 아니라 헤겔의 철학과 사상을 가능한 한 공정하게 해석하기 위해서는 어떻게 하는 것이 좋을 것인가?

그것을 위해서는 무엇보다도 우선 헤겔이라는 사상가가 살았던 시대에 주목하고 역사적 맥락으로부터 그 사상의 성립을 이해하는 태도를 취해야 할 것이다. 메이지 유신 이래로 우리는 이론이나 학설을 이미 다 만들어진 완성품의 형태로 수입하고 모방하는 것에 그야말로 완전히 길들어져 왔다. 하지만 사상이나 철학은 이미 만들어져 있는 기성품이 아니라 그 시대의 체험을 추상화하는 사유 활동의 소산이며, 그런 의미에서 주체적 행위의 소산이다. 요컨대 아무리 추상적인 이론이나 학설이라 하더라도 그것들은 더없이 생생한 구체적인 생활 체험으로부터 산출되는 것이다. 예를 들면 1960년의 신안보조약 반대 운동을 정점으로 하는 전후 일본의 사상이란 파멸적 전쟁으로 치달아가는 1930년대의 전쟁 체험을 사상화한 소산이라고 말해지는 것이 그 하나의 예이다.

따라서 헤겔의 사상을 참으로 이해하기 위해서는 일단 헤겔이라는 사상가가 살아간 생활 세계까지 내려가야만 한다. 그리고 그 사상가가 어떠한 시대에 살고 어떠한 시대의 과제에 몰두했는지, 또한 생활 체험을 어떻게 일반화하고 사상으로까지 승화시켰는지를 이해할 필요가 있다. 헤겔은 프랑스 혁명 후의 격동의 시대를 살아가면서 독일 각지를 전전한 사람이지만, 그 자신이 철학이란 "그 시대를 사상 속에서 파악한 것"이며, 철학자가 현재의 세계를 넘어서려고 생각하는 것은 어리석은 것이라고 이야기하고 있다. 그리하여 본서도 헤겔이라는 사상가가 자신의 시대를 어떻게 체험했는가라는 점에 주목하고, 우선 **역사적 관점**으로부터 혼돈된 생활 체험을 정돈하는 가운데 사상이 창조되는 과정을 재구성하고자 한다.

과거 사상의 재창조

하지만 이러한 사상의 창조 과정은 반드시 '무로부터의 창조'를 의미하는 것이 아니다. 오히려 과거의 사상을 새로운 관점에서 바꾸어 읽어내는 '재창조'의 형태를 취하는 것이 통례이다. 왜냐하면 모든 사상은 선행하는 시대의 사고양식에 깊이 구속되며, 특정한 문화나 전통에 뿌리박은 지속적인 개성을 자기 안에 새겨 들이기 때문이다.

특히 '닫힌 사회'가 외부로 열리고 다른 문화의 사상들이 급속하게 유입되는 시대의 전환기에는 기원을 달리 하는 다양한 계보의 사상들이 서로 접촉하고 충돌·융합하는 현상이 집중적으로 보이게 된다. 이러한 '문화 접촉'이라고 불리는 현상으로서는 예를 들어 근대가 시작되는 16세기까지는 르네상스와 종교 개혁의 긴장이 있을 것이며, 여기서 다루는 19세기 초기에는 계몽주의와 낭만주의의 대립을 들 수 있다. 메이지 유신 시기나 전후 점령기의 일본에서는 서구 문화를 받아들여 일본 문화의 특징을 해명하고자 하는 노력이 기울여졌다. 그와 마찬가지로 19세기 초의 독일에서도 그리스 문화를 수용하여 그리스도교 문화의 토대를 다시 파악하고자 하는 시도가 이루어졌다. 그리하여 본서도 서로 다른 계보의 사상들이나 문화들이 충돌하고 융합하는 과정에 주목함으로써 **사상사적 관점**에서 헤겔 철학의 성립을 설명하고자 한다.

과거 사상의 현대에 대한 영향

더 나아가 모든 고차적인 사상은 일단 창조된 후에도 뒤에 이어지는 시대로 계승되어 특정한 시대나 나라를 넘어선 보편적 영향작용을 끼칠 수 있다. 아무리 강렬한 시대 체험이라 하더라도, 이것에 추상화를 가하고 일반화함으로써 비로소 다른 시대나 다른 나라에도 적용될 수 있게 된다. 예를 들면 루소는 고대 로마나 제네바의 공화국을 모델로 하여 『사회계약론』을 집필했지만, 루소의 인민 주권 사상은 프랑스 혁명이라는 최초의 성과에 머물지 않고 역사를 넘어선 영향작용을 현재까지도 계속해서 끼치고 있다. 어떤 사상의 유래를 역사적 맥락에서 이해하는 것은 그 사상의 역사를 넘어선 보편성을 해명하는 것과는 조금도 모순되지 않는다. 그러므로 우리는 양자를 대립시켜 한쪽만을 잘라내 버려서는 안 된다.

그리하여 본서도 **영향작용사의 관점**을 받아들여 헤겔의 사상이 그 후의 시대나 현대에 이르기까지 어떠한 영향작용을 끼쳤는지를 검토하고자 한다. 이로부터 과거를 아는 것에 의해 현재를 좀 더 잘 이해한다고 하는 앞의 과제에 적극적으로 부응하는 것도 가능할 수 있을 것이다. 요컨대 '헤겔과 그의 시대'를 역사적으로 논의하는 것은 동시에 현대의 우리가 그로부터 장래에 대한 지침을 배운다고 하는 이중의 작업이라고도 할 수 있는 것이다.

본서의 전체 구성

본서는 다음과 같은 순서로 헤겔 철학의 창조 및 재창조 과정과 그 영향작용을 지금까지 말한 세 가지 관점에서 재구성하고자 한다.

제1장과 제2장에서는 『정신현상학』에 이르는 초기 헤겔의 발전사가 다루어지고, 헤겔의 중심 사상, 특히 체계를 쌓아올리는 기본 원리와 '변증법'이라고 불리는 사유 방법이 가능한 한 알기 쉽게 해명될 것이다. 젊은 헤겔이 살아간 시대의 가장 유력한 사상은 칸트로 대표되는 독일 계몽사상과 이에 대항하는 낭만주의 사상이었다. 따라서 우리는 우선 이들 두 가지 사상 조류와 대결하는 가운데 초기 헤겔이 자신의 사상을 형성해 가는 경위를 명확히 하고자 한다. 다음으로 헤겔이 살아간 시대에는 프랑스 혁명과 이에 이어지는 옛 제국의 붕괴, 나폴레옹의 유럽 지배라는 역사상의 대사건들이 일어났지만, 우리는 이러한 시대 배경이 헤겔의 사상 형성을 어떻게 좌우했는지를 고찰하게 될 것이다. 이때 독일의 특유한 정신사적 배경도 무시되어서는 안 된다. 여기서는 종교 개혁 이래의 프로테스탄트

전통, 신인문주의에 의한 고대 그리스의 발견, 신성 로마 제국에서 유래하는 정치적 통일의 부재라는 세 가지 정신사적 배경에 주목하고자 한다.

　제3장과 제4장에서는 이러한 사상 계보나 시대 배경을 토대로 하는 가운데, 베를린 시대의 헤겔의 주요 저작들 가운데 지금까지 충분히 해명되지 못한 『법철학 요강』과 『역사철학 강의』가 다루어지게 될 것이다. 당시는 프랑스군의 점령 하에서 독일 영방들의 근대화 개혁이 개시되고, 최초의 내셔널리즘 운동이 고양되며, 복고기로 이행해 가는 시대였다. 우리는 이러한 역사적 맥락 속에서 국가와 사회의 이분법을 비롯한 헤겔 정치철학의 전체상을 명확히 하고, 그가 근대 국가를 어떻게 파악했는지를 다양한 논쟁 상대방과 비교하면서 검토하고자 한다. 이어서 우리는 세계사가 발전 단계들을 더듬어 진행한다고 하는 역사관을 최초로 제시한 헤겔의 역사철학을 1822년의 최초년도 강의와 1830년의 최종년도 강의로 나누어 명확히 하고, 헤겔이 근대라는 새로운 시대를 어떻게 정당화할 수 있다고 생각했는지를 고찰하고자 한다.

　마지막 제5장에서는 헤겔의 사고양식이 그 후 독일 역사주의나 맑스주의, 니체파에 의해 어떻게 계승되고 어떻게 변용을 이루어 갔는지를 살펴본 다음, 동서 냉전이 종언되고 맑스주의가 퇴조한 현대에 헤겔 철학을 어떻게 재평가할 수 있는지를 생각해 보고자 한다.

제1장 프랑스 혁명과 젊은 헤겔

청년 시대의 헤겔

게오르크 빌헬름 프리드리히 헤겔은 1770년 8월 27일에 뷔르템베르크 공국의 수도 슈투트가르트에서 태어나 여기서 유·소년기를 보냈다. 당시의 독일은 '신성 로마 제국'이라고 불리며 300개 이상의 영방들과 도시들로 이루어져 있었지만, 뷔르템베르크 공국은 그 가운데서 서남 독일의 슈바벤 지방에 위치한 중간 규모의 영방이었다. 헤겔 가는 16세기에 오스트리아의 케르텐에서 망명해 온 프로테스탄트를 선조로 하며, 중간 계층의 시민 계급에 속한다. 헤겔의 부친은 공국의 재무국 서기관을 맡은 관리이고 모친은 교양 있는 부인이었는데, 그가 13세 때에 어머니는 병으로 사망했다. 현재의 슈투트가르트는 제2차 대전 때에 폭격당한 후 부흥되었기 때문에 오랜 시가지는 남아 있지 않다. 하지만 헤겔의 생가는 재건되어 '헤겔 하우스'라고 불리는 박물관이 되어 있다.

헤겔은 같은 해인 1770년에 태어난 시인 횔덜린과 작곡가 베토벤, 그리고 한 해 전에 태어난 나폴레옹과 시대를 공유하고 있다. 헤겔이 자라난 시대는 1770년대에 괴테와 실러가 문학의 혁신을 지향하여 '질풍노도'의 시대를 주도하고, 1780년대에 칸트가 『순수이성비판』과 『실천이성비판』을 출간하여 '계몽의 시대'를 선언하는 등, 독일 계몽과 신인문주의 사조가 최고조에 달하는 시기에 해당된다. 슈투트가르트의 김나지움(중고등학교)을 졸업한 헤겔은 1788년부터 같은 공국의 산간에 있는 튀빙겐 대학 신학부(신학원)로 진학하여 횔덜린 및 2학년 아래의 셸링과 같은 방에서 생활하면서 루터파 정통 신학을 공부했다.

그러나 신학원에 입학한 다음 해인 1789년 7월에 이웃 나라 프랑스에서 혁명이 시작된다. 그리하여 프랑스 혁명의 행방이 청년 헤겔과 다른 친구들의 마음을 깊이 사로잡게 되었다. 1793년 가을에 신학원을 졸업한 헤겔은 스위스 베른에서 3년간, 프랑크푸르트에서 4년간, 귀족과 상인의 가정교사를 맡으면서 20대의 편력 시대를 보낸다. 이 시기에 기록된 청년기의 초고들(놀, 1907)로부터 우리는 프랑스 혁명이 헤겔에게 어떠한 정신적 영향을 끼쳤는지를 읽어낼 수 있다.

이 장에서는 젊은 헤겔이 프랑스 혁명의 체험을 어떻게 받아들이고 또 어떻게 사상화해 갔는지를 루소와 칸트 그리고 횔덜린의 사상에 입각해서 살펴보고자 한다.

1. 루소 공화주의와 신학 비판

혁명의 사상가 루소

젊은 헤겔은 많은 독일 지식인들과 마찬가지로 프랑스 혁명을 열렬하게 환영했는데, 그 모습은 동급생에 의해 다음과 같이 전해지고 있다. "헤겔은 자유와 평등의 대단히 열렬한 주장자이며, 당시의 모든 젊은이와 마찬가지로 혁명에 이념에 심취해 있었다. …… 어느 일요일 아침, 그때는 활짝 개인 봄날 아침이었는데, 헤겔과 셸링은 다른 몇 사람의 친구들과 함께 튀빙겐에서 그리 멀지 않은 들판으로 나가 거기에 한 그루의 자유의 나무를 심었다."(헨리히, 1965) '자유의 나무'란 봉건적 특권의 폐지를 요구하는 프랑스 농민들이 영주의 토지에 심은 혁명의 상징이다.

신학원에서는 정치 그룹이 결성되어 프랑스 신문을 읽을 뿐만 아니라 프랑스인 망명자의 군대로부터 탈주해 온 공화파의 포로를 몰래 숨겨주고 음악회를 개최하여 도주 자금을 조달해 주었다고 한다. 동급생이 "헤겔에게 있어 영웅은 장 자크 루소였다"고 증언하듯이, 젊은 헤겔의 사상 형성은 루소의 공화주의 사상을 수용하는 데서 시작되었다고 할 수 있다. 그러면 혁명의 사상가 루소는 어떠한 의미에서 헤겔의 마음을 사로잡았던 것일까?

우선 루소의 사상을 살펴보자.

제네바인 루소는 혁명 40년 전에 간행된 출세작『학문문예론』에서 학예가 발전하고 문명사회가 진보함에 따라 오히려 사람들의 영혼은 타락하고 좋은 습속과 덕 있는 공민들이 상실되었다고 논의하여 파리의 공중(公衆)에게 커다란 반향을 불러 일으켰다(루소, 1750). 프랑스 계몽의 대표자 볼테르는 로크의 자연법을 원용하여 번영을 구가하는 문명사회의 현실을 긍정하고 있었지만, 루소는 이에 논쟁을 도발하고 문명사회에 대한 통렬한 비판을 전개했기 때문이다.

그 다음의『인간불평등기원론』에서 루소는 미개인이 살아가는 자연 상태에서는 타인의 불행에 대한 연민과 동정심이라는 자연의 감정이 상호 간의 대립과 항쟁을 억제하고 평등이라는 자연법의 규칙을 실현하고 있다고 이야기한다. 하지만 인간 특유의 자기완성 능력이 발달함에 따라 타인보다 자신을 우선시하는 이기심이 생겨나고 소유권이 정해지기 때문에, 문명사회와 동시에 재산의 불평등이 나타나 부자와 빈자가 충돌하는 전쟁 상태로 이행한다고 논의했다(루소, 1755). 이리하여 루소는 타락한 인간 본성이 악의 원인을 이룬다고 하는 교회의 도그마('변신론·신정론'이라고 불린다)에 맞서 인간 본성은 선량하지만 사회 제도가 악의 원인을 이룬다고 하는 새로운 사상을 말함으로써 자연 상태로 돌아가는 것이 아니라 사회 변혁을 통해 인간이 자기 해방을 이루는 길을 구상한다.

주저인『사회계약론』에서 루소는 개인 상호 간의 계약에서 설립된 공동체에 각 사람의 자연권을 전면적으로 양도한다고 하는 사회계약설을 설파하고, 자기 자신이 일부분을 이루는 주권자의 명령, 즉 인민의 의지에 따른다고 하는 인민 주권론을 전개한다. 이러한 '공화국'에서는 사적 이익을 바라는 특수 의지가 아니라 공공 이익을 바라는 일반 의지의 법에 따르는 것이 자신이 세운 법에 따르는 참으로 자유로운 상태라고 한다. 주권자인 인민은 정기적으로 열리는 인민 집회에서 모든 이에게 적용되는 보편적인 법을 입법하는 한편, 매회 설립되는 정부에게 법의 집행을 맡긴다. 더욱이 공화국에 대한 충성심을 보존하기 위해 신과 내세의 존재, 사회 계약을 신앙의 조항으로 하는 "공적으로 정립된 종교"가 공민을 내면적으로 구속한다(루소, 1762).

루소가 1778년에 작고하고 나서 11년 후에 프랑스 혁명이 일어나자 그의 공화주의 사상은 프랑스 절대 왕정을 봉건제 질서의 토대로부터 전복하는 혁명적 위력을 발휘했다. '지상에서의 신의 대리인'이라는 절대 군주의 정당화는 부정되고 사회 계약에 의한 인민 주권의 정당화로 대치되었다. 더 나아가 귀족과 교회의 특권은 철폐되고 신분들 사이를 격리시키는 장벽이 제거되어 동질의 국민으로 이루어지는 '단일하고 불가분한 국민'의 이념이 나타난다. 그리고 프랑스 국민은 헌법을 제정하는 권력을 행사하고 공화국의 정치 기구를 창립할 뿐만 아니라 조국을 위해 싸우는 지원병으로 이루어지는 국민군을 설립하여 반혁명 세력을 격퇴하고 유럽의 국제 질서를 바꾸어나간다.

고대 공화정의 재생

젊은 헤겔은 무엇보다도 루소의 사상에 따라 고대 그리스와 로마에서 볼 수 있는 공화국의 재생을 추구하는 공화주의자였다. 베른에서 가정교사를 하고 있던 1796년에 쓰인 초고에서는 고대 공화정이 해체되고 그리스도교가 출현하는 역사적 경위가 다음과 같이 설명되고 있다. 고대 그리스인과 로마인은 "자기 자신이 부여한 법에 복종한다"고 하는 자율적 의지에 따라 "자신의 조국의 이념"이라는 "세계의 궁극 목적"을 위해 활동하는 정치적 자유를 행사하고 있었다. 그들은 몽테스키외가 공화정의 원리로서 거론한 "정치적 덕", 요컨대 공화주의적인 이념을 조국 안에서 실현하기 위해 개인을 희생시킬 수 있는 각오를 지니고 있었다. 그러나 대외 전쟁의 승리에 의한 부의 증대와 사치의 경험으로부터 귀족층이 형성되어 민중을 독점적으로 지배하게 된 결과, "자신의 활동의 소산으로서의 국가상"은 공민의 마음으로부터 사라져 버리고, "국가라는 기계의 통치"는 극히 소수의 사람들에게 맡겨졌다.

그리하여 '공화국'이라는 '영원한 것'이 사라져 버린 후, 남겨진 정신적 공백을 채우는 것으로 기대된 것이 그리스도교의 신이었다고 헤겔은 말한다. '절대자'는 이미 인간의 의지 내부가 아니라 우리의 의지 외부에서 구해지게 된다. 헤겔에 따르면 "인간 정신은 로마 황제의 전제에 의해 지상으로부터 추방되었고, 자유를 박탈당했기 때문에 영원한 절대자를 신 안으로 도피시킬 수밖에 없었으며, 비참한 상태가 확대되었기 때문에 행복을 천상에서 찾을 수밖에 없었다."(놀, 227쪽)

이와 같이 젊은 헤겔은 그리스도교에서의 신의 초월성이 공화정의 해체에 수반되는 공민의 무력화로부터 생겨났다고 이해하고, 로마 제국에서의 그리스도교의 출현을 공화정의 몰락이 초래한 귀결이라고 생각한다. 거기서 우리는 "참된 그리스도교도는 노예가 되도록 창조되어" 있으며, "그리스도교적"과 "공화국"이라는 "두 가지 말은 서로 상용될 수 없다"고 말한 공화주의자 루소의 그리스도교 비판을 읽어낼 수 있다.

더 나아가 헤겔은 같은 시기에 쓰인 「독일 관념론의 가장 오랜 체계 계획」이라는 초고(1969년부터 헤겔이 저자라는 학설이 주장되었다)에서 자유인을 "기계의 톱니바퀴"로서 취급하는 국가의 사멸을 요구한다. "오직 자유의 대상만이 이념이라고 불린다. 따라서 우리는 국가를 초월해야만 한다! ─ 왜냐하면 모든 국가는 자유로운 인간을 기계의 톱니바퀴로서 취급하기 때문이다. 국가는 그러한 일을 해서는 안 된다. 따라서 국가는 존재하기를 그쳐야 한다."(주어캄프 판 전집 1권, 234쪽 이하) 헤겔은 이렇게 말함으로써 자유의 이념에 헌신하는 공민들에 의해 담지되는 새로운 국가, 즉 루소가 구상한 것과 같은 공화국이야말로 역사의 저편으로부터 다시 불러내 현대에 재생시켜야 할 모델이라고 생각한다.

헤겔은 마인츠에서 공화국을 지도한 포르스터(Georg Adam Forster,

1754-94)와 마찬가지로 독일에서 공화국의 탄생을 대망하는 공화주의자이자 실천적인 저작 활동에도 관여하고 있었다. 그 주요한 증거를 두 가지 정도 소개해 보자.

첫째로, 1793년 가을부터 96년에 걸쳐 체재한 베른에서 베른 과두제에 저항하는 바트 지방의 민중 운동이 군사적으로 탄압받았을 때, 베른 정부에 항의하는 바트의 변호사 카르의 프랑스어 저작『베른 시에 대한 바트 지방의 이전의 국법상의 관계에 관한 친서』를 독일어로 번역하고 서문과 주해를 붙여 1798년 봄에 익명으로 출간했다(헤겔이 역자라는 것은 1909년에야 비로소 밝혀졌다). 이『카르 친서』의 번역이 바로 헤겔의 최초의 저작인 것이다. 실제로는 이 글이 공간되기 직전에 프랑스군의 침공에 의해 스위스의 구체제는 붕괴하고 헬베티아 공화국이 창립되어 베른에 대한 바트 지방의 종속 관계도 해소되었다. 하지만 베른 과두제가 현실에서 붕괴한 일은 1789년의 이념이 프랑스 이외의 곳에서도 유효하다고 증명했다는 의미에서 오히려『카르 친서』번역의 출간을 정당화한다고 생각되었다. 그 서문에서 역자 헤겔은 "바트에서의 최근의 사건"으로부터 "많은 교훈"을 이끌어내도록 독일 독자들에게 호소하고 있다(헤겔, 1798).

둘째로, 1796년 가을에 헤겔이 고향 슈투트가르트로 돌아올 때, 뷔르템베르크 공국에서는 26년 만에 영방 의회가 개최되려고 하고 있었다. 프랑스와의 전쟁에서 패배한 독일 제후들은 정전 교섭에서 프랑스가 요구한 배상금을 세금을 늘려 조달할 필요가 있었기 때문이다. 헤겔은 영방 의회에 의한 정치 개혁, 나아가 슈바벤 공화국의 창립까지 기대하고「시 당국자는 시민들에 의해 선출되어야만 한다」라는 제목의 저작을 집필했다. 거기서 헤겔은 민중으로부터 유리된 대의제의 전면 개혁, 궁정과 군주의 이해관계에 충실한 관료제의 개혁을 요구하고 있었지만, 1798년 8월, 그 원고를 읽은 친우들의 조언에 따라 그 저작의 출간을 중지했다. 같은 해 3월에 라슈타트 강화 회의에서 프랑스가 라인 강 좌안을 할양할 것을 요구한 일은 헤겔과 그 친구들에 의해 프랑스라는 "위대한 국민의 대리인들"의

"범죄", 요컨대 1789년의 이념을 배반하고 프랑스라는 국가의 이해관계에 따르는 침략 정책으로 받아들여졌기 때문이다.

이와 같이 헤겔은 처음에는 프랑스군에 의한 헬베티아 공화국의 창립을 지원하고 뷔르템베르크에서의 공화국의 도래를 기대하고 있었다. 그러나 라슈타트 회의가 결렬되기 직전인 1799년 초에는 프랑스군을 지지하고 공화국의 수립을 기대하는 코즈모폴리턴적인 태도를 바꾸어 독일의 현 상황에 관심을 기울이게 된다. 프랑스 공화국이 절대 왕정 이래의 국가적 이해관계('국가 이성'이라고 불린다)에 충실한 외교 정책을 취하는 모습에 환멸을 느꼈을 뿐만 아니라 자국의 군대가 북독일 제후들의 이반에 의해 프랑스와의 전쟁에서 패배를 거듭하고 라인 강 좌안을 상실하는 모습에 위기감을 느꼈기 때문이었다. 그리하여 헤겔은 독일 패전의 이유를 국가 구조의 결함으로부터 설명하고 독일의 새로운 길을 모색하기 위해 「독일의 헌법」의 집필에 착수하는 것이다(제2장 제1절 참조).

기성 종교에 대한 비판

젊은 헤겔은 공화주의자였을 뿐만 아니라 루소의 사상에 따라 전제 정치와 결탁한 기성의 그리스도교를 비판하고 참된 종교를 구상하는 신학 비판자이기도 했다. 헤겔 등은 튀빙겐 신학원에서 엄격한 감시와 규제에 복종하는 수도사와 같은 생활을 경험했지만, 이러한 생활에 전혀 만족하지 못했다. 1795년 4월에 헤겔은 후배인 셸링에게 보낸 편지에서 "종교는 전제주의가 바라듯이 인간을 경멸하고, 인간에게는 선을 이루는 능력이 없으며, 자기 자신만으로는 아무것도 할 수 없다고 가르쳐 왔다네"라고 적고 교회의 도그마를 비판하고 있다(서간집 제1권, 24쪽). 거기서는 종교 개혁 후에 저항의 정신을 상실하고 영방 군주의 보호 하에서 세속 권력에 순종하는 신도들을 재생산하고 있던 루터파 영방 교회의 현 상황이 생각되고 있었다. 하지만 헤겔 등이 종교와 정치의 결탁을 비판할 때에 특히 염두에 두고 있던 것은 "학문적인 정통 신학의 최후의 아성"이라고 불렸던 튀빙겐의 신학자들이었다. 당시 청년들을 사로잡은 칸트의 도덕신학은 인간 이성에 의해 신에 대한 신앙을 근거짓고자 했지만, 튀빙겐의 정통 신학은 신의 은총과 성서의 권위에 호소하는 초자연주의 교의를 고수하고 있었기 때문이다.

튀빙겐 시대의 헤겔은 1792-93년에 초고 「민중 종교와 그리스도교」를 적어나간다. 거기서는 참된 종교란 신에 대한 두려움과 행복에 대한 희망에 기초한 '주물(呪物) 신앙'이 아니라 이성이 명령하는 도덕법칙에 기초한 '이성 종교'여야 한다고 이야기하고 있다. 다른 한편으로 헤겔은 참된 종교란 개인의 도덕을 교화하는 '사적 종교'에 기초하는 것이 아니라 국가의 공적 활동과 결부되어 민중의 정신을 교화하는 '공적 종교', 즉 '민중 종교'여야 한다고 주장한다. 이성 종교의 요구가 칸트의 종교론(『순수 이성의 한계 안에서의 종교』, 1793)에서 얻어진 것인 데 반해, 민중 종교의 요구는 루소의 공적으로 정립된 종교에서 유래하는 사상이다. 하지만 이 시기의 헤겔은 민중 종교가 재판권에 대한 개입이나 검열을 요구한다는 점에서 이성 종교와 충돌할 가능성을 깨닫지 못하고 있다.

그 다음의 베른 시대의 헤겔은 칸트 철학을 본격적으로 연구하고 의지의 자율에 의해 신에 대한 신앙을 근거짓는 칸트의 도덕철학을 받아들이게 된다. 그리고 1795년의 초고 「그리스도교의 실정성」에서는 이성의 권리에 기초하는 '이성 종교' 측에 서서 성서와 예수 개인의 권위에 기초하는 '실정적 종교'를 비판한다. 그뿐만 아니라 이 시기의 헤겔은 신의 존재와 행복에 대한 희망 없이도 의지의 자율은 완전하다고 주장하고, 칸트 철학으로부터 신에 대한 신앙에 관계되는 요소들을 가능한 한 제거하고자 노력하고 있다.

왜 신학원 졸업 후의 헤겔은 칸트 철학을 급진적인 방식으로 수용한 것일까? 그 이유는 칸트 종교론을 둘러싼 튀빙겐의 신학적 상황으로부터 이해할 수 있다. 헤겔은 셸링에게 보낸 편지에서 "나는 칸트의 체계와 그 최고의 완성으로부터 독일에서의 혁명을 기대하고 있다"고 쓰고, 칸트 철학이야말로 루터파 정통 신학에 저항하는 사상적 수단이라고 생각하고 있었다. 그러나 튀빙겐의 신학자 슈토르(Gottlob Christian Storr, 1746-1805) 는 신에 대한 신앙 없는 의지의 자율은 불완전하며, 종교 없이는 도덕성은 무력하다는 것을 증명하고자 시도하고 있었다(『칸트의 철학적 종교론에 대한 주해』, 1793). 이에 반해 헤겔과 셸링은 신과 불사의 관념 없이도 의지의 자율은 완전하며, 종교 없이도 도덕성은 완전하다는 것을 보이고자 했다. 특히 셸링은 칸트 철학의 원리를 철저히 관철한 "새로운 영웅"이 바로 피히테이며, 피히테가 설파하는 "절대 자아"야말로 신을 대신하는 새로운 원리라고 단언한다. 이에 대해 헤겔은 "독일에서의 혁명"은 칸트 철학의 원리를 "모든 기존의 지식에 적용하는" 것으로부터 시작된다고 대답하고 있다(서간집 제1권, 15쪽, 22쪽, 23쪽 이하).

이러한 칸트 철학의 원리를 적용하는 작업이야말로 헤겔이 초고 「그리스도교의 실정성」에서 의도하고 있던 것이었다. 여기서 헤겔은 예수가 창시한 종교가 행위의 내면적 동기를 중시하는 이성 종교로부터 특정 개인의 권위에 기초한 실정적 종교로 변용해 가는 과정을 역사적으로 해명하고자 한다. 그리하여 칸트의 이념을 사용하여 원시 그리스도교를 율법을 외면적으로 준수하는 유대교도의 자세('합법성'이라고 불린다)에 맞서 내면의 도덕법칙에 일치할 것을('도덕성'이라고 불린다) 요구하는 시도라고 이해한다. 그리고 계몽 사상가 멘델스존(Moses Mendelssohn, 1729-86)을 따라 루소의 사회 계약론을 교회에 적용하여 자발적 결사로서 창립된 교회가 국가처럼 경직화해 가는 "종교적 결사의 국가화"를 비판한다. 이 결과 개인의 의견과 신앙을 타인에게 위탁하는 교회 계약 그 자체가 부정되고, 신에 대한 신앙을 외면 세계로부터 분리하여 개인의 내면으로 한정하는 사적 종교만이 인정된다.

이렇게 헤겔은 칸트 철학을 충실히 따라가며 이성 종교의 요구를 수미일

관하게 규명해 나간 결과, 민중 종교의 요구를 단념하고 국가로부터 종교를 분리하는 신앙의 내면화에 다다랐다.

그러면 베른 시대의 헤겔이 수용한 칸트 철학은 어떠한 정신사적 맥락에서 나타나며, 어떠한 역사적 의의를 지니는 것일까? 이다음의 프랑크푸르트 시대에 이루어진 헤겔에 의한 칸트 비판을 이해하기 위해서도 우선 칸트 철학의 전체상을 살펴보고자 한다.

2. 독일 계몽과 칸트 철학

독일 계몽의 신학 비판

'독일 관념론'이라고 불리는 칸트 이후의 사상운동을 이해하고자 할 때, 우리는 독일에 특유한 정신사적 배경을 세 가지 정도 염두에 둘 필요가 있다. 그러한 정신사적 배경으로서 첫째로 거론되는 것은 **프로테스탄트의 신학적 전통**이다. 독일은 다른 나라들에 앞서 16세기에 루터가 종교 개혁을 이룩하여 루터주의가 오랫동안 국민성을 특징지었을 뿐만 아니라 칸트로부터 니체에 이르기까지 근대 독일의 주요한 철학자들은 모두 루터파 출신이었다. 그리하여 루터파 정통 신학과의 대결이야말로 18세기의 독일 계몽에 있어 계속해서 최대의 사상적 과제였다. 앞 절에서 보았던 베른 시대의 헤겔의 정통 신학 비판도 이러한 독일 계몽의 맥락에서 비로소 이해될 수 있을 것이다.

그러면 라이프니츠와 볼프와 같은 독일 계몽의 신학 비판자들은 무엇을 지향하고 있었던 것일까? 그것은 한마디로 말하면 신 없이 윤리를 수립하는 것, 요컨대 신학으로부터 독립된 윤리학을 확립하는 것이다. 예를 들면

인문주의자인 에라스무스가 자유 의지를 존중하도록 이야기한 것에 대해, 종교 개혁자 루터는 인간의 자유 의지란 죄를 범할 수밖에 없는 "노예적 의지"이며 신의 은총에 의해 비로소 선을 이룰 수 있다고 반론하고 있었다(루터, 1525). 이에 대해 라이프니츠와 볼프는 이성의 자연법칙을 사용하여 선을 인식하게 되면 인간은 신의 의지에 의하지 않고서도 선을 이룰 수 있다고 논의했다. 요컨대 독일 계몽은 루터파에 맞서 자유 의지를 신의 의지로부터 분리하고 인간 이성에 의해 근거짓는 작업을 이룩했던 것이다.

하지만 윤리학이 신학으로부터 참으로 독립하기 위해서는 다른 능력으로부터의 이성의 독립도 증명할 필요가 있었다. 흄과 애덤 스미스로부터 볼테르에 이르기까지 18세기 영국과 프랑스의 계몽 사상가들은 인간의 이성은 자기애에 봉사할 뿐인 '정념의 노예'라고 단정하고, 이성에 선행하는 이타적 충동으로서 '도덕 감정'을 중시하는 논의를 전개하고 있었다. 이에 반해 볼프는 인간 이성이 자신의 욕구를 억제하고 의지를 자율적으로 결정할 수 있다고 논의했다. 요컨대 영국과 프랑스의 계몽과는 달리 독일 계몽은 신학으로부터 독립하기 위해 인간 이성을 정념이나 감정으로부터 분리하여 독립적으로 근거짓는 작업을 수행했던 것이다.

이와 같이 자유 의지를 신의 의지로부터도 그리고 또한 정념과 감정으로부터도 독립시켜 이성 그 자신 위에 근거짓고자 한 것이 라이프니츠와 볼프의 윤리학이었다(포저, 2007). 그리고 루터파 정통 신학을 극복하고자 한 라이프니츠의 선구적 시도를 계승하여 완성시킨 사상가가 바로 칸트였다. 칸트는 이것을 '계몽'(Aufklärung)이라고 부르며, 계몽을 "인류가 스스로 초래한 미성년 상태로부터의 벗어남", "타자의 지도 없이 자신의 지성을 사용할 수 없는 상태"로부터의 독립으로 정의했다. 그리고 계몽의 조건으로서 학자들이 공중 앞에 "이성을 공적으로 사용하는" 자유를 무제한적으로 인정해야 한다고 설파했다(칸트, 1784).

칸트가 말하는 '계몽'이란 일본에서 자주 오해되어 왔듯이 지식인이 몽매한 민중을 계발한다고 하는 일본어의 의미에서 이해되어서는 안 된다.

오히려 독일어의 Aufklärung이란 이성의 빛에 의해 어둠을 비추어내는 것, 요컨대 각 사람이 자신의 지성을 행사하고 '후견인'(즉 로마 교황 등의 영방 교회 지도자)에 의존하는 상태로부터 벗어나는 자기 계몽의 시도, 단적으로 말하면 '스스로 생각하는' 작업을 의미한다.

칸트의 비판 철학이란 본래적인 의미의 계몽을 성취하기 위해 인간 이성이 자기 자신의 능력을 음미하고 검토하는 작업이다. 이러한 이성의 자기비판 작업은 칸트에 의해 '초월론적'(transzendental)이라고 불린다. 이때 칸트는 인식에 사용하는 이론 이성과 행위에 사용하는 실천 이성을 구별한 다음, 양자를 각각 검토한다. 먼저 이론 이성을, 그리고 이어서 실천 이성의 순서로 비판 철학의 요점을 살펴보도록 하자.

칸트의 코페르니쿠스적 전회

칸트는 『순수이성비판』이라는 인식론의 금자탑에서 이론 이성의 비판을 수행했다. 여기서는 잘 알려진 두 가지 공적에 한정하여 살펴보고자 한다. 그것은 첫째로, '코페르니쿠스적 전회'라는 이름으로 알려져 있다(칸트, 1781·87). 종래의 형이상학적 세계상에서는 세계의 창조자이자 통치자인 신이야말로 세계의 중심을 이룬다고 생각되어 왔다. 이것은 거짓이 아닌가 하고 최초로 의심하고 방법적 회의를 통해 "나는 생각한다, 따라서 나는 존재한다"라는 사고하는 주체를 끄집어낸 것이 17세기의 데카르트였다(데카르트, 1637). 칸트는 '나는 생각한다'(cogito)라는 대륙 합리주의 전통을 계승하여 인식하는 주체야말로 신을 대신하는 새로운 세계의 중심을 이룬다고 생각하고, 이것을 코페르니쿠스의 지동설에 필적하는 "사유 방법의 전회"라고 명명했다.

칸트는 인간의 인식 능력을 '감성', '지성', '이성'의 셋으로 구분한다. 이 가운데 '감성'이란 감각의 대상을 소재로서 받아들이는 수용 능력이자 받아들이는 창구에 해당되는 것이지만, 그 직관의 형식이 바로 공간과 시간이다. 이에 반해 '지성'이란 받아들인 대상에 형식을 부여하는 구성 능력이며, 그때 소재를 포착하여 대상을 파악하는 수단으로서 사용되는 사고의 형식이 '범주들', 즉 '개념들'이다.

예를 들면 우리가 물건을 손으로부터 분리하면 물건이 떨어진다고 인식할 수 있는 것은 왜일까? 칸트는 사물을 쥐고 있는 손으로부터 분리한다는 지각 A와 사물이 떨어진다고 하는 지각 B가 원인과 결과(요컨대 인과성)라는 범주에 의해 통일적으로 파악되기 때문이라고 설명한다. 이리하여 우리는 감성만으로 감각의 대상을 수동적으로 모사하는 것이 아니라 지성을 사용하여 12개의 범주들에 의해 대상을 능동적으로 구성한다고 하는 것이다. 모사설로부터 구성설로의 이러한 인식론의 전환이 '코페르니쿠스적 전회'라고 불린다.

더 나아가 칸트는 다양한 지각의 다발을 통일적으로 파악할 수 있는 것은 '나는 생각한다'라는 인식 주체의 통일이 먼저 있기 때문이라고 생각했다. 요컨대 칸트는 '생각하는 나'라는 동일한 자기의식이 지각 A와 지각 B를 통일적으로 지각하고 종합하기 때문에 통일적인 인식 작용이 가능해진다고 생각하고, 이것을 "지각의 종합적 통일"이라고 불렀다.

칸트가 수행한 코페르니쿠스적 전회를 계승한 관념론의 완성자가 바로 헤겔이다. '나는 생각한다'라는 자기의식의 통일 원리는 나중의 헤겔에 의해 '정신'이라든가 '개념'이라고 불리게 된다.

이율배반의 칸트적 해결

칸트에 의한 이론 이성의 비판은 둘째로, 감각을 넘어선 대상을 인식할 수 없다고 하는 '불가지론'이라는 이름으로 알려져 있다. 칸트는 영국 경험주의의 전통, 특히 흄의 회의주의에 따라 우리는 감각적으로 파악된 경험,

즉 '현상'만을 인식할 수 있으며, 감각적 대상을 넘어선 대상, 즉 '사물 자체'를 인식할 수 없다고 생각한다. 앞의 세 가지 인식 능력들 가운데 '지성'은 범주를 현상에만 한정하여 사용하는 능력이며, '이성'은 범주를 현상을 넘어서서 사용하는 능력이다. 그러나 이성이 현상을 넘어서서 '이념'을 수단으로 사용해 사물 자체를 생각하고자 하는 것은 자신의 능력을 넘어선 월권행위이기 때문에, 이성은 다양한 자기모순에 부딪친다. 거기서는 테제와 안티테제라는 두 가지 입장이 이성의 법정에서 자신이야말로 올바르다고 주장하며 서로 양보하지 않고 논쟁한다. 이것이 칸트가 말하는 이성의 '이율배반'(Antinomie)이다.

칸트에 따르면 이성은 다음과 같은 네 가지 논점을 둘러싸고 이율배반에 빠진다. 첫째는 "세계는 공간적·시간적으로 유한한가, 그렇지 않으면 무한한가"라는, 세계 창조자의 존재 여부에 관계되는 이율배반이다. 둘째는 "세계는 단순한 부분들로 이루어지는가, 그렇지 않으면 단순한 부분들은 존재하지 않는가"라는, 분할할 수 없는 영혼의 존재 여부에 관계되는 이율배반이다. 셋째는 "자유가 존재하는가, 그렇지 않으면 모든 것은 자연법칙에 따르는가"라는, 자유 의지의 존재 여부에 관계되는 이율배반이다. 넷째는 "필연적 존재자가 있는가, 그렇지 않으면 모든 것은 우연적인가"라는, 세계 통치자(즉 궁극 원인)의 존재 여부에 관계되는 이율배반이다. 이러한 논점들을 둘러싸고 이성은 전자의 테제와 후자의 안티테제, 요컨대 교회 도그마에 충실한 교조주의와 도그마에 회의적인 경험주의라는 두 가지 입장으로 나누어져 이성의 법정에서 서로 투쟁하게 된다.

이에 대해 재판관인 칸트는 이들 네 가지 이율배반들이 참된 모순이 아니라 외견상으로 모순으로 보일 뿐이며, 현상과 사물 자체를 구별하게 되면 해결될 수 있다고 하는 판결을 내린다. 요컨대 첫 번째와 두 번째 안티노미는 세계에 양과 실재성의 범주들이 내재한다고 하는 전제를 공통으로 지닌다는 점에서 잘못되어 있으며, 그래서 테제와 안티테제는 공히 거짓이다. 이에 반해 세 번째와 네 번째 안티노미는 테제가 사물 자체가 속하는 '예지계'에, 안티테제가 현상이 속하는 '현상계'에 들어맞는다는 점에서 공히 참이다. 이리하여 칸트는 예지계와 현상계라는 두 개의 세계를 구별하게 되면 이율배반을 해결할 수 있다고 생각하고, 그 해결 방법을 '변증법'(Dialektik)이라고 이름 붙인다. 이것은 고대 그리스의 소크라테스의 '대화술'(dialektikē)에서 유래하는 명칭이다.

나중에 보게 되듯이 헤겔은 사물 자체를 인식할 수 없다고 하는 칸트의 불가지론을 부정하고, 사물 자체와 현상이라는 이분법을 극복하고자 한다. 그때 헤겔은 칸트로부터 이율배반과 그 해결 방법인 변증법이라는 사고양식을 받아들여 새롭게 바꾸어 읽고자 한다.

도덕법칙과 인간의 존엄

다음으로 칸트에 의한 실천 이성의 비판으로 옮겨가 보자. 그 특색은 자유 의지를 이성에 의해 근거짓기 위해 자연법 중에서도 이성의 법칙을 '도덕법칙'이라고 부르면서 '자연법칙'으로부터 구별하는 점에 놓여 있다. 데카르트 이래로 인식 주체가 외부의 자연으로부터 독립하여 자연을 객체화했듯이, 독일 계몽의 실천 주체는 충동과 욕구, 정념과 같은 내부의 자연에 대해 거리를 두고 자연을 객체화한다. 이러한 계몽사상에 의한 자연의 객체화의 소산이 자연법칙으로부터의 도덕법칙의 분리인 것이다.

『윤리 형이상학 정초』에 따르면 도덕법칙은 다음과 같이 행위의 형식, 결정 방법, 실질을 명령한다(칸트, 1785). 첫째는 보편적 법칙의 형식에 따라 행위해야 한다고 하는 보편주의의 명법이다. 이것은 다른 목적에 관계하지 않고서 무조건적으로 행위를 '의무'로서 명령한다는 점에서 '정언명법'이라고 불린다. 그리고 그것은 (자신의 행복과 같은) 다른 목적을 달성하는 수단으로서 조건부로 행위를 명령하는 '가언명법'으로부터 구별된다. 예를 들면 "거짓말을 하지 말라"라는 무조건적인 표현은 정언명법이며, "정직은 가장 좋은 방책이다", 요컨대 "타인에게 신용을 받고 싶다면, 거짓말을 하지 않는 것이 가장 좋다"라는 조건부의 표현은 가언명법이다. 여기서 칸트는 모든 이에게 적용되는 보편적 법이라는 루소의 법 관념을 보편주의적인 규범으로 바꾸어 읽고 있다.

둘째는 자신이 입법한 보편적 법칙에 따라 행위해야 한다고 하는 '의지의 자율'이다. 여기서 '자율'(Autonomie)이란 스스로 법을 세우는 자기 입법을 의미한다. 자율적 의지는 '경향성'이라는 자연법칙을 따르는 '자의의 타율'로부터 엄격히 구별된다. 여기서 '경향성'이란 특정한 대상에 대한 애착이나 혐오(예를 들어 호의나 질투)로 기울어지는 특수주의적인 성향을 의미한다. 그리고 스스로 세운 보편적 법칙에 따르는 이성적 존재자는 '존엄'을 지니기 때문에 이성적 인간의 '존엄'은 시장에서 붙여지는 가격(예를 들어 우수하다거나 열악하다는 평가)과 관계가 없으며, 무조건적인 내적 가치를 지닌다고 한다. 여기서 칸트는 자신이 세운 법에 따르는 것이 자유라고 하는 루소의 자유 관념을 자율의 사상으로 바꾸어 읽고, 의지의 자율로부터 인간의 존엄이라는 이념을 끌어내고 있다.

셋째는 이성적 존재자를 수단이 아니라 목적으로 다루어야 한다고 하는 '목적의 나라' 관념이다. 이 목적의 나라에서 사람들은 원수(元首)로서 보편적으로 입법하고 구성원으로서 세운 법에 따른다고 한다. 칸트는 이전에 "무지한 하층민을 경멸하고 있었지만" 루소를 읽고서 비로소 잘못을 바로잡고 "인간을 존경하는 것을 배웠다"고 고백하고 있는데, 여기서도 칸트의 루소 체험이 살아나고 있다고 말할 수 있다(카시러, 1945; 이시카와(石川), 1995). 칸트에 따르면, 인간의 존엄으로부터 생겨나는 귀결로서 우리는 자신이나 타인에게 존경의 염을 지녀야 하며, 자신의 존엄을 내버린다든지 타인의 존엄을 부정한다든지 해서는 안 된다. 그렇지만 이것에 정면에서 반하는 개인의 존엄에 대한 부정이 횡행하고 명예 침해가 일상화되고 있는 것이 현실의 세계다. 일본에서도 제국 육군으로부터 체육회나 기업 조직, 급기야는 혁명 운동이나 인터넷에 이르기까지 폐쇄적 공간에서 개인의 존엄을 부정하는 행위가 반복되어 왔지만, 이것에 항의하는 최대의 사상적 수단이야말로 칸트 철학인 것이다.

여기서 앞의 "자유가 있는 것인가, 모든 것은 필연인 것인가"라는 세 번째 안티노미로 돌아가 보자. 이것은 사물 자체의 세계인 예지계와 현상의 세계인 현상계를 구별하게 되면 해결될 수 있다고 칸트는 생각했다. 칸트에 따르면 우리는 현상계에 속한다는 점에서는 특수주의를 원리로 하는 자연 법칙에 따라 타율적이고 필연적인 존재자지만, 예지계에 속한다는 점에서는 보편주의를 원리로 하는 도덕법칙에 따라 자율적이고 자유로운 존재자다. 그리하여 우리는 현상계와 예지계라는 두 개의 세계에 동시에 속하며, 필연적일 수도 있고 자유일 수도 있는 양의적인 존재자로 간주된다.

이 이후의 헤겔은 칸트의 정언명법에는 근본적 결함이 있다고 비판한다. 그리고 그는 자유 의지의 이념을 칸트로부터 계승하면서도 현상계와 예지계라는 두 세계론을 넘어서고자 한다.

이성적 신앙과 신의 존재 증명

그러면 인간의 자유 의지는 어떻게 해서 필연적 존재자, 요컨대 신과 양립하는 것일까? "필연적 존재자는 있는가, 없는가"라는 앞의 네 번째 안티노미를 해결하기 위해 칸트는 『실천이성비판』에서 실천 이성의 요청으로서 내세와 신의 존재를 도출하고자 한다(칸트, 1788).

첫째로, 도덕적으로 완전한 인간이 되기 위해서는 현세를 넘어선 이상에 대한 무한한 접근이 필요하기 때문에, 내세와 영혼의 불사가 실천 이성에 의해 요청된다. 둘째로, 도덕적 완전함이 행복과 결부되기 위해서는 올바른 자에게 행복을 부여하는 심판자가 필요하기 때문에, 세계 심판자로서의 신의 존재가 실천 이성에 의해 요청된다. 이것에 세 번째 것으로서 예지계에 속하는 인간의 자유 의지(즉 사회 계약의 능력)를 덧붙이면, 세 가지의 실천 이성의 요청은 루소에서의 공적으로 정립된 종교의 신앙 조항들에 대응한다는 것이 분명히 드러난다. 이렇게 칸트는 어디까지나 실천 이성으로부터 신에 대한 신앙을 근거지을 수 있다고 생각하며, 이것을 '이성적 신앙' 또는 '도덕 신학'이라고 불렀다.

하지만 칸트는 이론 이성에서는 신의 존재 증명들(즉 자연 신학적·우주론적·존재론적 증명의 세 가지)을 다루어 차례차례 논파하고, 신의 존재 증명은 현상계에서는 성립하지 않는다고 결론을 내리고 있었다. 거기서 비판의 중심이 된 것은 완전무결한 신의 개념으로부터 신의 존재를 이끌어 내는, 데카르트에 의한 신의 존재에 대한 존재론적 증명이었다. 이에 대해 칸트는 "신은 전능하고 무한하다"라고 말할 수 있다 하더라도 그로부터 "신이 있다"라고는 말할 수 없고, 요컨대 '이다'라는 본질존재로부터 '가 있다'라는 사실존재를 도출할 수는 없다고 반론한다. 따라서 우리는 신과 같이 사물 자체에 속하는 '이념'을 인식할 수 없다고 하는 것이 현상계를 대상으로 하는 이론 이성의 비판으로부터 도출된 결론이었다.

이에 반해 실천 이성에서는 신의 '도덕 신학'적 증명에 의해 예지계에서의 신의 존재가 증명되었기 때문에 궁극 원인인 신은 존재하는가 아닌가 하는 네 번째 안티노미도 해결될 수 있다고 칸트는 생각한다. 요컨대 이론 이성은 현상계에서는 신을 인식할 수 없다고 경고하는 데 반해, 실천 이성은 예지계에서는 신을 신앙하도록 요청하는 것이다. 이리하여 이론과 실천 사이에는 지성과 신앙의 구별이라는 아우구스티누스의 이분법이 다시 세워지고, 그것은 이후 신칸트학파에 의해 존재(있는 것)와 당위(있어야 할 것), 사실과 가치의 구별이라는 형태로 계승되어 간다.

이 이후의 헤겔은 이론과 실천, 지성과 신앙이라는 칸트의 이분법을 비판하고, 신은 인식 가능하며, 이성과 신앙은 일치한다고 하는 입장을 취하게 된다. 그러면 베른 시대에 칸트에 충실했던 헤겔이 칸트 철학으로부터 이반해 가는 것은 어떻게 해서 가능했을까? 그것은 이 이후 헤겔이 조숙한 친우 횔덜린과 재회하여 새로운 철학을 알게 되었기 때문이다.

3. 낭만주의의 탄생

횔덜린과 고대 그리스의 발견

1797년 초에 베른에서 프랑크푸르트로 이주한 헤겔은 옛 친우 횔덜린과 재회하고 만남을 두터이 한다. 그리고 그의 사상의 영향을 받아 칸트 철학으로부터 입장을 크게 전환한다. 젊은 헤겔이 받아들인 '합일철학'(Vereinigungsphilosophie)이라고 불리는 횔덜린의 사상은 어떠한 것이며 어떠한 맥락에서 성립했던 것일까?

신학원을 졸업한 후 가정교사를 하고 있던 횔덜린은 1794년 말부터 95년 봄에 걸쳐 예나에 체재하며, 칸트의 계승자로 평판이 높았던 피히테의 강의를 청강하면서 괴테와 더불어 이름이 높은 문학자 실러로부터 개인적으로 가르침을 받고 있었다. 횔덜린은 처음에는 피히테의 학문론(Wissenschaftslehre)을 상찬하고 있었지만, 서서히 피히테로부터 거리를 두고 근본적 비판을 가하게 된다. 피히테는 『전체 학문론의 기초』(1794-95)에서 데카르트가 끄집어낸 "나는 생각한다, 따라서 나는 있다"라는 인식 주체를 자아가 사고하는 가운데 자기 자신의 존재를 산출한다고 이해하고, 이것을 "자아는 자기 자신의 존재를 정립한다"고 표현했다. 1795년 4월에 횔덜린이 쓴 초고 「판단과 존재」에 따르면, 피히테의 자기 정립하는 자아는 자기 자신에 대해 거리를 취하는 반성 활동에 의해 비로소 가능해지기 때문에, 주체와 객체가 긴밀하게 합일된 '존재'를 미리 전제한다. 이 '존재'는 '지적 직관'에 의해 비로소 파악될 수 있는 데 반해, 최초의 존재에 주체와 객체의 분리를 가져오는 반성 활동은 '근원적 분할'(Ur-teil)이라는 의미에서 '판단'(Urteil)이라고 불린다. 이리하여 피히테의 자아는 주체와 객체가 합일된 존재를 전제하기 때문에 이미 철학의 확실한 원리라고는 할 수 없게 된다(횔덜린, 1795a). 이것이 '합일철학'이라고 불리는 횔덜린의 사상이다.

합일철학의 사상적 원천에는 크게 두 가지가 있다고 말할 수 있을 것이다. 첫째는 서로 독립된 두 개의 힘을 합일하는 작용을 미적 능력에서 찾는 실러의 사상이다. 실러의 「미적 교육에 관한 서한」에 따르면 우리에게는 감성에서 생겨나 객체를 소재로서 받아들이는 "감성 충동"과 이성에서 생겨나 객체에 형식을 부여하는 "형식 충동"이 갖추어져 있다. 하지만 이들 서로 대립하는 두 가지 충동을 미의 이상에 따라서 결합하는 제3의 충동이 갖추어져 있으며, 이것이 "유희 충동"이라고 불린다. 우리는 이 유희 충동에 따를 때 도덕의 강제로부터도 그리고 또한 자연의 강제로부터도 해방되어 도덕법칙과 경향성, 이성과 감성이 완전히 조화된 상태를 달성할 수 있다고 한다. 실러에 따르면 "인간은 유희할 때에만 완전한 인간인 것입니다."(실러, 1795) 두 가지 힘의 대립을 미에 의해 합일한다고 하는 실러의 사고방식이야말로 횔덜린이 계승한 사상이다.

합일철학의 두 번째 원천으로 생각되는 것은 직접지의 철학자 야코비가 『스피노자의 교설에 관한 서한』에서 말한 독자적인 스피노자 해석이다. 거기서는 스피노자가 그 자체로 독립해서 존재한다고 생각한 '실체'가 모든 인간 존재 속에 있는 '근원적 존재'로서 이해되고 있다. 그리고 이러한 무조건적인 것(인격적 신이 생각되고 있다)은 논증이 간접적으로 매개하지 않는다 하더라도 신앙에 의해 직접적으로 파악될 수 있다고 한다(야코비, 1785). 이러한 직접지라는 야코비의 사고방식으로부터 횔덜린은 자아에 선행하는 존재가 지적 직관에 의해 파악될 수 있다는 사상을 떠올렸다.

「판단과 존재」에 기록된 횔덜린의 합일철학은 서간체 소설 『휘페리온』에서 예술 작품의 형태로 표현되고 있다. 그것의 최종 이전 원고에서는 「판단과 존재」와 마찬가지로 우리와 세계 사이에 있는 합일이 "언어의 유일한 의미에서의 존재"라고 불리며, "하나이자 모두"(hen kai pan)라는 목표가 내걸리고 있다. "우리의 자기와 세계 사이의 영원한 항쟁을 끝내고, 모든 이성보다도 고차적인 최고의 평화를 다시 회복하며, 우리를 자연과 합일시키고, 하나인 무한한 전체를 만들어내는 것, 이것이야말로 우리의 모든 노력이 지향하는 목표다."(횔덜린, 1795b)

주체와 객체의 합일이라는 목표는 『휘페리온』에서는 "하나인 삶"의 사상으로서 표현되고 있다. "모든 것과 하나가 되는 것, 그것이 신성으로 채워진 삶이며, 인간의 최고의 경지이다. 살아 있는 모든 것과 하나가 되어 자신을 잊고 지복 안에서 자연의 모든 것 속으로 다시 돌아가는 것, 그것은 사람의 사고와 기쁨의 정점이다."(횔덜린, 1797·99) 그리고 횔덜린에 따르면 고대의 그리스인이야말로 자신을 세계와 결부시키는 미의 능력을 갖추고 있었다고 한다.

앞에서 독일 관념론의 정신사적 배경으로서 프로테스탄트 신학과의 대결을 들었지만, 제2의 정신사적 배경으로서 중요한 것은 1770년대부터 독일에서 진행된 **고대 그리스의 발견**이다. '신인문주의'라고 불리는 이 조류는 괴테와 실러에서 시작된 후, 1790년대에는 프랑스 혁명의 공화주의 이념에 의해 크게 가속화되고 횔덜린과 젊은 헤겔에게서 그 정점에 도달한다. 이런 의미에서 독일에서는 종교 개혁보다 2세기 반 뒤늦게 바로 이 시기에 본격적인 르네상스가 시작되었다고 말할 수 있다. 니체도 다음과 같이 말하고 있다. "독일 철학은 하나의 반-종교 개혁이다. 그뿐만 아니라 그것은 르네상스이기도 하며, 적어도 르네상스에의 의지, 고대의 발견을…… 계속하고자 하는 의지이다." 다만 횔덜린 등이 발견한 그리스 상이 반드시 문헌으로부터 충실히 재현된 고대 그리스의 실상인 것은 아니다. 오히려 과거에 투영된 이념이라는, 칸트가 말하는 '규제적 원리'의 성격을 지니고 있다는 점에 주의해야 할 것이다.

그리스도교 이해의 그리스적 변용

그러면 프랑크푸르트 시대의 헤겔은 횔덜린의 합일철학을 어떻게 받아들였던 것일까? 그것은 1798-99년에 쓰인 초고 「그리스도교의 정신과 그 운명」으로부터 알 수 있다(놀, 1907).

'그리스도교의 정신'을 묘사하는 전반 부분에서 헤겔은 베른 시기와 마찬가지로 유대교의 율법 준수를 "소원한 주인의 율법에 대한 전면적인 예종"으로 비판하지만, 이미 이에 대해 칸트의 도덕성을 맞서 세우고자 하지 않는다. 오히려 예수가 이야기한 것은 첫째로, "자기 자신의 법칙에 대한 부분적인 예종"이라는 칸트의 자기 강제가 아니라 "마치 법칙이 명령하는 것과 마찬가지로 행위하는 경향"이라는 의미의 법칙과 경향성의 저절로 이루어지는 일치였다. 요컨대 예수는 의무와 경향성의 내적인 항쟁으로부터 인간을 해방하고 인간의 전체성을 회복하고자 한 사람이며, "도덕성을 넘어선 정신"이야말로 그리스도교의 정신이었다는 것이다. 이러한 법칙과 경향성의 일치는 지배뿐만 아니라 예종도 결여하고 있기 때문에 '사랑'이라고 불리며, 하나인 삶에 의해 침투되어 있기 때문에 '삶'으로 불리고, 주체와 객체의 종합이기 때문에 '존재'라고도 불린다. 실러는 「우미와 존엄」에서 칸트의 정언명법을 "수도사의 음울한 금욕 윤리"라고 부르면서 그 엄격주의를 비판하는 한편, 이성과 감성, 의무와 경향성이 조화되는 정신의 존재방식을 "아름다운 영혼"이라고 부르며 이상화하고 있었다(실러, 1793). 헤겔도 실러의 엄격주의 비판을 받아들여 칸트 철학이 "경향성과 모순된 채로 의무에 대한 존경의 염으로부터 행위한다"고 하는 의무와 경향성의 분열 상태를 영속화한다고 비판한다.

둘째로, 헤겔은 내적인 자기에 대한 엄격주의로부터 해방된 자는 외적인 타자에 대한 율법주의로부터도 해방되며, 타자가 범한 잘못을 용서할 수 있다고 생각한다. 타자에게 율법 준수를 의무로서 부여하고 율법으로부터의 일탈을 허용하지 않는 바리새파의 율법주의는 응보적인 형벌을 집행하더라도 초월자라는 소원한 지배자를 확인하는 것으로 끝날 뿐이며, 또한 죄를 범한 자가 율법과 화해하는 것도 아니다. 이에 반해 잘못을 범한 자는 손상된 타자의 삶 가운데서 자기 자신의 삶을 발견하고, '하나인 삶'으로 귀환하는 것에 의해, 요컨대 자기 자신을 다시 발견하는 사랑의 감정에 의해 "운명과의 화해"에 도달할 수 있다. 이것은 후에 칸트의 응보형론에 맞서 법의 자기 회복이라는 헤겔의 형벌관을 특징짓는 사고방식이다.

셋째로, 헤겔은 유대교의 율법 배후에 숨어 있는 초월자 관념과 대결하며, 고대 그리스에 알려져 있던 신인동형설과 범신론(요컨대 세계에 두루 신이 내재한다고 하는 사상)에로 기울어져 간다. 헤겔에 따르면 인간 존재와 신의 존재 사이에 넘어설 수 없는 깊은 심연이 있다고 하는 사고방식이야말로 유대교도에게 신의 의식을 불러일으키고자 한 예수의 시도를 좌절시킨 근본 요인이었다. 그러나 신과 인간은 동일한 삶이 취하는 두 가지 양식에 지나지 않으며, 양자 사이에 주체와 객체라는 단절은 존재하지 않는다. 그리하여 신과 인간의 관계는 인간의 본성에 내재하는 신적인 것에 대한 신앙을 불러일으키게 되면 참으로 이해될 수 있다. 이러한 신적인 것에 대한 신앙은 인간이 그로부터 태어난 신성에게로 귀환하여 인간 발전의 원환을 닫을 때에 완성된다. 요컨대 처음에는 미발전된 일체가 신과 인간으로 분열한 후에 근원적인 발전된 일체로 귀환하는 것이다. 거기서 나타나는 이성과 감성, 자기와 타자, 신과 인간 사이의 살아 있는 조화, '하나이자 모두'인 삶이야말로 예수가 '신의 나라'라고 부른 것이다.

이러한 새로운 그리스도교 이해는 유대교라는 일신교의 연장선상에서 이해되는 것이 아니라 그리스 정신의 관점에서 바꾸어 읽히는 가운데 헬레니즘적인 모습으로 변용해 있다는 점에 그 특징이 있다. 거기서는 루소의 공화주의 사상을 근본에서 지탱하고 있던 세계관이 간취될 수 있다. 그것은 자기와 타자가 미분화된 자연 상태로부터 시작되어 강자가 약자를 수탈하는 문명사회 상태를 거쳐 자기와 타자가 다시 융합하는 공동체의 재생을 구하는 '낭만주의' 사상에 다름 아니다.

모든 이에게 적용되는 보편적 규범이라는 루소의 법 관념은 칸트에 의해 정언명법과 목적의 나라라고 하는, 정치 사회를 넘어선 내면적 원리로서 받아들여졌다. 다른 한편으로 자신의 존재와 외관이 분열되지 않는

"영혼의 투명하고 직접적인 커뮤니케이션"에 대한 루소의 동경(스타로뱅스키, 1957)은 횔덜린과 헤겔에 의해 '하나이자 모두'인 '아름다운 영혼'의 공동체에 대한 소망으로서 계승되며, 계몽사상에 맞서는 낭만주의 사상을 탄생시켰다. 그런 의미에서 루소는 독일 계몽과 낭만주의 쌍방에 기여했다고 말할 수 있다.

'낭만주의'란 좁게 이해하면 1797년에 예나에서 슐레겔 형제가 잡지 『아테네움』을 창간하면서 시작한 문학 운동(즉 초기 낭만파)에서 시작된다. 여기서는 좀 더 넓게 프랑스 혁명에 고취되어 일어난 계몽사상에 대한 대항 운동을 '낭만주의'라고 부르기로 하자(자프란스키, 2007). 거기에는 젊은 헤겔과 횔덜린도 연결되어 있다.

합일철학의 상대화

그러나 '그리스도교의 운명'을 더듬어 나가는 같은 초고의 후반 부분에서 헤겔은 그리스도교의 근본적 결함을 논의하는 가운데 합일철학의 한계를 서서히 자각하게 된다. 그리스도교의 결함으로서 첫 번째로 거론되는 것은 교단이 예수라는 특정 개인에 대한 의존 상태를 공유하는 "의존의 공동체"에 빠졌다는 점이다. 왜냐하면 사랑의 감정을 대상화하고자 하는 종교에 대한 욕구가 자기 자신의 주체적 활동에 의한 것이 아니라 특정 개인에 대한 의존의 유대(紐帶)에 의해 채워졌기 때문이다. 여기서 헤겔은 베른 시기에 특정 개인의 권위에 호소하는 실정적 종교를 비판했던 자세를 계승하고 있다고 말할 수 있다.

그리스도교의 두 번째의 결함으로서 거론되는 것은 교단이 현세에서의 신의 나라의 실현을 단념하고 신의 나라를 피안의 저편으로 쫓아 보냈다는 점이다. 사유재산이나 권리 관계를 거부하고 현세로부터 도피하는 그리스도교도들은 현세의 국가에 관여하지 않고 수동적으로 복종할 뿐인 사인(私

人)으로 화하며, 국가와 교회에 대한 충성의 분열을 산출했다. 헤겔은 1798년에 칸트의 『윤리 형이상학』에 대한 주해에서 국가와 교회의 이원론으로부터 벗어나고자 했다. 여기서도 루소를 따라 신의 나라와 현세의 나라라는 그리스도교의 두 세계론을 정상적인 상태로 간주하지 않으며, 고대의 이교세계에서의 국가와 종교의 일치를 바람직한 상태라고 생각하고 있다.

하지만 헤겔은 그리스도교의 운명에서 보이는, 특정 개인에 의존하는 현세 도피적인 경향을 비판하는 가운데, 사랑으로 결합된 공동체의 이상을 사유재산이나 권리 관계와 같은 현실로부터 분리하는 합일철학의 한계를 깨닫게 되었다. 왜냐하면 그리스도 교회에서 보였듯이 사랑의 감정에 의한 합일로부터 개인 간의 분리된 관계를 제거하고 현실에서 이반된 이상을 추구하게 되면, 그리스적인 삶을 재생하는 합일철학도 피안과 차안, 국가와 교회의 대립이라는 그리스도교와 동일한 운명을 밟을지도 모르기 때문이다.

이렇게 그리스도교의 운명을 고찰함으로써 헤겔은 자기 자신에 대해 거리를 두고 합일철학을 상대화하게 되었다. 요컨대 합일과 분리를 '있어야 할' 이상과 '실제로 있는' 현실이라는 형태로 분리하게 되면, 그리스도 교회와 동일한 두 세계론에 빠질 수밖에 없다는 것, 이것이야말로 그리스도교의 운명에 대한 고찰로부터 얻어진 헤겔의 근본적인 통찰이었다.

삶의 사상의 탄생

그리하여 헤겔은 1799년 이후, 주체와 객체에 관련한 합일과 분리의 이분법을 재검토하고 사랑과는 구별된 삶의 사상을 논의하게 된다.

1798년 가을부터 겨울에 쓰인 초고 「사랑」의 두 번째 원고를 살펴보자. 거기서는 반성 활동에 의한 자기로부터의 분리를 알지 못하는 "미발전의 합일"로부터 자기 대상화에 의한 분리를 받아들인 "완성된 합일"을 구별한

다음, 삶을 새롭게 "합일과 분리의 합일"로 파악하고 있다. 헤겔은 다음과 같이 말한다. "사랑 속에서는 삶 그 자체가 자기 자신의 이중화와 그 합일이라는 형태로 발견된다. 삶은 미발전의 합일로부터 시작하여 자기 형성을 거쳐 완성된 합일에 이르기까지 원환을 한 번 돌았다. 이러한 합일은 그 속에서 반성의 요구도 충족되어 있기 때문에 완성된 삶이다. 미발전의 합일에는 반성의 가능성, 즉 분리의 가능성이 대립해 있었지만, 이 합일에서는 합일과 분리가 합일되어 있다."(암메, 1982)

반성 활동에 의한 분리를 평가하는 사상은 실은 「그리스도교의 정신과 그 운명」의 처음 원고에서는 발견되지 않으며, 두 번째 원고에서야 비로소 나타난다. 1799년에 쓰인 두 번째 원고에서는 사랑의 감정에 대상화가 들어올 여지는 없음에도 불구하고 자기 대상화를 초래하는 반성 활동이 평가된 데 기초하여 종교란 "사랑과 반성이 합일되고, 양자가 결부되어 생각된 것"이라고 이해되고 있다.

더 나아가 1800년 9월 이전에 쓰인 「1800년의 체계 단편」에서는 이러한 삶의 사상이 종교의 대상으로서 논의되고 있다. 헤겔에 따르면 삶은 순수한 합일로서뿐만 아니라 동시에 대립으로서도 생각되어야만 한다. 그리하여 굳이 반성된 형식으로 표현하자면, 삶은 "결합과 비결합의 결합"으로 표현되어야만 한다. 그렇지만 모든 표현은 반성 활동의 산물이기 때문에 "결합과 비결합의 결합"으로 표현된 것도 반성의 바깥에 있는 존재이다. 하지만 헤겔은 일체의 반성 작용을 사상하고 삶을 직접적으로 감지하는 것이 아니라 반성에 의해 삶의 감정을 보완하고 완성할 것을 요구한다. 요컨대 "신적인 감정은 반성이 부가되고 그 위에 머무르는 것에서 비로소 완성된다"고 하는 것이다.

이렇게 헤겔은 대립을 받아들인 재합일을 요구하고 삶을 "결합과 비결합의 결합"으로서 파악한다. 요컨대 그는 합일인가 분리인가라는 합일철학에 특유한 양자택일을 취하지 않고 분리를 받아들인 재합일, 즉 "합일과 분리의 합일"이야말로 삶의 본질을 이룬다고 생각하는 것이다. 더욱이 헤겔은 반성된 형식이 사랑의 본질에 반한다고는 생각하지 않으며, 오히려 반성에 의해 감정을 보완할 것을 요구한다. 감정과 반성을 종합하는 이러한 사고방식도 근원적 존재는 지적 직관에 의해 직접적으로 파악될 수 있다고 하는 합일철학과는 달랐다. 서로 모순되고 대립하는 것들을 결합하는 이러한 사고양식이야말로 횔덜린에게서 보이지 않는 헤겔의 독자적인 사상의 시작을 보여주고 있으며, 머지않아 헤겔이 낭만주의로부터 벗어나는 근본 요인이 되는 것이다.

하지만 주체와 객체의 합일과 분리, 감정·직관과 반성이라는 서로 모순되는 것들을 어떻게 결합할 수 있는 것일까? 그 후의 헤겔의 노력은 이러한 난문의 해결로 향하게 된다.

공화주의 이념과 그리스 정신을 다시 평가하고 있던 1799년에 1월에 헤겔은 부친이 돌아가셨다는 소식을 받아들었다. 시대의 조류에 떠밀린 헤겔은 단호한 귀족주의자였던 부친과 "이 점에 관해 아무리 격렬하다 할지라도 논쟁을 주고받는 것도 사양하지 않았다"고 전해지지만(로젠크란츠, 1844), 이제 그 상대를 잃어버린 것이다. 3월에 유산 상속을 마무리한 헤겔은 이 후 2년가량 가정교사 생활을 떠나 철학을 연구하는 등, 대학에 취직할 준비에 전념한다.

그리고 1800년 11월, 예나 대학의 원외교수로서 활약하고 있던 친구 셸링에게 서간을 보내 그의 도움을 빌려 대학에서 사강사의 직을 얻고자 한다. 그 서간에서 헤겔은 20대의 정신적 편력의 자취를 되돌아보고 다음과 같이 적고 있다. "인간의 저차원의 욕구로부터 시작된 학문적 자기 형성 속에서 나는 학문에로 내몰릴 수밖에 없었으며, 청년 시대의 이상은 반성된 형식에로, 동시에 체계로 전환될 수밖에 없었다네. 나는 지금도 이에 관여하는 한편으로, 인간의 삶에로 되돌아가기 위해서는 어떠한 길이 발견될 수 있을 것인지 스스로 묻고 있다네."(서간집 제1권, 59쪽 이하)

그러면 헤겔의 "청년 시대의 이상"은 어떠한 "반성된 형식"을 취하는 것일까? 또한 헤겔은 어떻게 "인간의 삶에로 되돌아가는" 것일까? 다음 장에서는 이 문제들을 살펴보기로 하자.

제2장 제국의 붕괴와 『정신현상학』

예나 시대의 헤겔

헤겔은 1801년 1월에 라인 강변의 프랑크푸르트로부터 북독일의 예나로 옮겨간다. 그는 우선 10월에 최초의 저서 『피히테와 셸링 철학 체계의 차이』(이하 『차이저술』이라고 부른다)를 출간하고 독일 사상계에 데뷔한다. 그리고 다음 해 초부터 1년 사이에 『철학비판지』를 셸링과 공동으로 편집 · 출간하고, 「철학에 대한 회의주의의 관계」, 「신앙과 지식」, 「자연법의 학문적 취급 방식」(이하 「자연법 논문」이라고 부른다)과 같은 논문을 발표하기 시작한다. 초기 낭만파의 중심지 예나에 몸을 둔 헤겔은 칸트 이후의 관념론을 둘러싼 피히테와 셸링의 논쟁에 참가하고, 처음에는 낭만파의 중심인물 셸링 측에 서서 피히테를 비판한다.

또한 1801년 8월에는 테제를 둘러싼 공개 토론을 행하고 10월에는 학위 논문 『행성 궤도에 관한 철학적 논고』를 제출하여 대학에서 강의하기 위해 필요한 교수 자격을 손에 넣는다. 그리고 겨울 학기부터 예나 대학의 강사로서 「논리와 형이상학」, 「자연법」을 비롯한 강의들을 담당하고, 강의 초고들에서 학문의 체계를 구상한다. 예나 시대의 체계 구상은 1807년 4월에 『학문의 체계 제1부, 정신의 현상학』(이하 『정신현상학』이라고 부른다)으로서 처음으로 출간되었지만, 그 서문에서 낭만파를 통렬하게 비판했기 때문에 셸링과의 교우도 단절되고 만다.

더 나아가 헤겔은 1801년부터 다음 해에 걸쳐 「독일의 헌법」 주요 초고들을 집필하고, 역사적 전환기에 있는 독일의 현실을 논의하고 있다. 그는 라슈타트의 강화 회의가 결렬되기 직전인 1799년 초에 「독일의 헌법」의 최초의 초고를 집필하기 시작하여 1801년 2월부터 8월에 걸쳐 수많은 구상들을 적어나간 후, 1802년 11월에 시작된 정서 원고를 다음 해 2월의 제국 대표자 회의의 본결의와 함께 중단한다. 그리고 1806년 8월에는 신성 로마 제국의 붕괴를, 10월에는 예나에 대한 프랑스군의 침공을 가까이에서 체험한다.

이 장에서 우리는 예나 시대의 헤겔이 청년기의 시대 체험을 어떻게 "반성된 형식"으로 승화시키려고 하는 것인지, 어떻게 "인간의 삶에로 되돌아가기" 위해 노력하는 것인지에 대해 생각해 보고자 한다. 「독일의 헌법」의 제국 재건안, 『차이저술』로부터 『정신현상학』에 이르는 낭만주의의 극복, 「자연법 논문」으로부터 1805년도에 걸친 정신철학 구상이라는 순서로 살펴보도록 하자.

1. 제국 재건에 대한 기대

정치적 통일의 부재

신성 로마 제국은 프랑스 공화국에 대해 열강들과 함께 간섭 전쟁을 행한 결과, 생각지 못한 패전을 거듭하고 라인 강 좌안을 상실하게 되었을 뿐만 아니라 또한 북독일 제후들의 이반에 부딪치게 되었다. 이러한 제국의 위기에 직면한 헤겔은 「독일의 헌법」을 집필하여 제국의 국가 체제와 그 역사를 분석하는 것으로부터 독일 패전의 이유를 해명하고자 한다. 그러면 헤겔이 속해 있던 신성 로마 제국이란 어떠한 정치 질서이며 현재의 국민국가와는 어떻게 달랐던 것일까?

신성 로마 제국은 역사적으로는 800년에 프랑크 왕국의 칼 대제가 황제에 대관했을 때에 시작되며, 962년 동프랑크 왕국의 오토 1세의 황제 대관을 거쳐 13세기 중반부터 '신성 로마 제국'이라고 불리게 되었다. 지리적으로 15세기의 제국은 현재의 독일, 오스트리아, 네덜란드, 벨기에를 중핵으로 하고, 뵈멘 왕국(현재의 체코와 슬로바키아), 북이탈리아, 스위스, 알자스와 로렌(현재의 프랑스령)에 이르기까지 지배력을 뻗치고 있었다. 중앙 유럽에 광대한 영토를 지니는 제국은 '독일 국민의 신성 로마 제국'이라고 칭하면서 독일인 이외의 다양한 민족과 언어로 이루어지는 다민족 국가라는 성격을 갖추고 있었다. 신성 로마 제국에는 다음과 같은 세 가지의 정치적 특징이 있었다.

첫째로, 제국의 중심을 이루는 황제는 고대 로마 황제를 계승하는 유럽 유일의 황제를 자임함과 동시에 가톨릭교회의 수호자로서 북이탈리아를 오랫동안 지배했다. 가톨릭교회의 정점에 서는 교황이 추기경에 의해 선거로 선출되듯이 황제의 자리는 상속되지 않고 선제후에 의해 선거로 선출되었다(프랑크푸르트의 대성당이 황제 선거 장소였다). 1356년의 금인칙서는 7명의 선제후들에 의한 황제 선출의 절차를 정하고 교황의 개입을 배제했지만, 성계 출신의 대주교로 이루어지는 3명의 선제후들(마인츠, 쾰른, 트리어)은 황제 선거에서 주요한 역할을 수행했다. 다만 실제로는 15세기 중반부터(한 번의 예외를 제외하고) 오스트리아의 합스부르크가 출신의 인물이 황제로 선출되었다.

둘째로, 제국 정책의 많은 것은 선제후들, 성속의 제후들, 제국 도시 대표들과 같은 제국의 신분들이 참가하는 제국 의회에서 결정되었다. 황제는 제국 봉토를 수여하고 봉건적 주종 관계를 맺은 제국 직속의 신분들, 즉 '제국 신분들'과 협의한 데 기초하여 의지를 결정하도록 하는 의무를 짊어지고 있었다. 이로부터 알 수 있듯이 제국이란 봉건 관계에 기초한 인적 결합이라는 중세적인 봉건 단체의 성격을 지니며, 구성원을 귀족, 성직자, 그 이외의 신분들로 구분하는 계층 제도적인 구조를 전제로 하고 있었다.

셋째로, 성속의 제후들은 황제로부터 수여받은 제국 봉토로서의 영방(란트)을 각각 지배하는 영방 군주이기도 했다. 독일의 종교 내전을 끝낸 베스트팔렌 조약(1648)은 영방 군주에 대해 대내적으로는 영방의 종파 결정권을 포함하는 영방고권을, 대외적으로는 외국과 동맹을 맺고서 전쟁을 수행하는 동맹권과 교전권을 인정하고, 이것을 제국 기본법으로서 확인했다. 이 결과 황제의 권력이 제약되는 한편으로 각각의 영방 군주에게로 집권화되는 영방 절대주의가 진행됨으로써 외국 세력이 국내 정치에 간섭하는 "제국 정치의 국제화"(윌슨, 1999)가 보이게 되었다. 이와 같이 제국의 주권이 유력한 영방 군주들에게로 분할되는 상태는 "일정한 영역 내에서 정통성 있는 물리적 폭력 행사의 독점을 요구하는 인간 공동체"(베버)라는 오늘날의 주권 국가와는 대체로 거리가 먼 것이다.

앞 장에서 독일 관념론의 정신사적 배경으로서 프로테스탄트의 신학적 전통과 고대 그리스의 발견이라는 두 가지가 거론되었지만, 더 나아가 세 번째로 거론될 수 있는 것이 바로 이러한 **제국에서의 정치적 통일의 부재**이다. 이 결과 1790년대에 프랑스와의 전쟁이라는 대외 위기가 다가왔을 때, 제국이 내부 분열되는 경향이 서서히 가속화되어 간다. 1793년 1월의 루이 16세의 처형을 계기로 주변 나라들이 혁명의 파급을 막기 위해 형성한 제1차 대(對)프랑스 동맹은 다음 해 10월에 라인 강 좌안을 프랑스군에게 양도했다. 이것을 본 프로이센은 평화를 요구하는 제국 신분들의 목소리를 대변하여 1795년 4월에 바젤에서 프랑스와 강화 조약을 맺고서 전선으로부터 이탈하며, 10년가량 단독으로 평화를 향유한다. 바젤 강화 조약에 의해 프로이센은 프랑스의 라인 강 좌안 영유를 승인하는 대신, 자국의 보호 하에 들어온 북독일의 중립을 보장받는다.

1797년 12월부터 라슈타트에서 개최된 제국 강화 회의에서는 라인 강을 독일과 프랑스의 국경으로서 인정하는 한편, 교회 재산의 몰수에 의해 배상한다고 하는 프랑스 측 제안이 다음 해 3월에 양해되었다. 추가적인 영토 확장을 노리는 프랑스에 맞서 1799년 4월에 새롭게 형성된 제2차 대프랑스 동맹이 러시아의 이탈에 의해 붕괴된 후, 1801년 2월 뤼네비유 조약에 의해 오스트리아는 라인 강을 국경선으로서 재확인했다.

더 나아가 남독일 제후들로 이루어지는 '제3의 독일'을 창출하는 프랑스와 러시아의 화평 플랜이 1802년 11월의 제국 대표자 회의에서 받아들여지고, 다음 해 2월에 본결의로서 채택된다. 이 제국 대표자 회의 본결의에 의해 성계 제후들(가톨릭의 대주교와 주교들)은 교회 재산을 몰수당하는 한편, 소국들과 제국 도시들은 황제 직속의 지위를 박탈당하고 중간 대국에 편입된다. 전자의 교회 재산 몰수는 '세속화', 후자의 황제 직속의 지위 박탈은 '배신화(陪臣化)'라고 불린다. 이 결과 성계 제후들과 제국 도시들에 의해 지탱되어 온 오스트리아가 결정적 손실을 입은 반면에, 북부에서는 프로이센, 남부에서는 바이에른, 바덴, 뷔르템베르크가 영토를 얻어 독일의 정치 지도는 크게 바뀌었다.

제국 해체의 구조적 · 역사적 요인

바젤 강화 조약에서 보인 프로이센의 대(對)프랑스 전선 이탈, 그리고 라슈타트 회의에서 보인 프랑스 공화국의 제국화야말로 헤겔이 「독일의 헌법」을 집필하게 된 직접적인 동기였다. 1799년부터 1802년에 걸쳐 그는 「독일의 헌법」의 서론을 몇 번이나 썼지만, 그 모두가 "독일은 이미 국가가 아니다"라는 유명한 선언으로 시작된다. 헤겔에 따르면 이번의 전쟁에 의해 "독일은 이미 국가가 아니다"라고 판명되었다. 왜냐하면 국가의 참된 상태는 평화의 평온이 아니라 바로 전쟁의 동란에서 보이기 때문이다.

우선 헤겔은 제국 해체의 구조적 요인을 봉건적인 법 상태에서 찾아내고자 한다. 헤겔에 따르면 국가 부재의 상태는 고대 로마의 역사가 타키투스가 묘사한 게르만 민족의 최초의 상태, 즉 "독일적 자유의 전설"로 거슬러 올라간다. 거기서는 각 사람이 스스로의 힘으로 획득한 점유물이 법적 권리로서 확정되는 한편, 정치권력은 국가 조직 속에서 할당된 관직이 아니라 각 사람이 임의로 처분할 수 있는 사적 소유물이 되었다. 요컨대 독일의 국법은 사법(私法)이고 정치적 권리는 소유권인바, 독일의 국법은 "사법의 방식으로 획득된 다양한 국가적 권리의 토지대장"에 다름 아니었던 것이다. 하지만 봉건 귀족이 재판권·과세권·행정권을 사유재산으로서 소유하게 되면, "군주와 의회(황제와 제국 의회)라는 보편적 권력에는 주권이라는 필연적 성격은 거의 남아 있지 않다."(아카데미 판 전집 제5권, 12쪽) 이로부터 "독일의 국가 구조는 부분이 전체로부터 박탈한 권리의 총계 이외에 아무것도 아니다"라는 결론이 도출되며, 제국에 대한 사망선고가 내려진다. 이리하여 헤겔은 독일 국법의 사법적 형식이야말로 통일적인 공권력의 부재를 초래했다고 진단하고, 봉건법에서의 공적 영역과 사적 영역의 미분화야말로 최고 권력인 주권이 결여되어 있는 근본 원인이라고 생각한다.

다음으로 헤겔은 본론에 해당되는 주요 초고(1801년 5-8월)에서 제국 해체의 역사적 요인을 17세기 이후의 제국의 역사에서 찾아내고자 한다.

첫 번째 역사적 요인으로서 제국 신분들의 종파 분열이라는, 종교 개혁에 이어지는 종교 내전의 귀결이 거론된다. 헤겔에 따르면 "종교는 내부 분열에 의해 국가로부터 분리되는 대신에, 이 분열을 국가 내로 이입하여 국가를 폐지하는 것에 가장 공헌했다."(96쪽) 요컨대 영방 군주가 자신이 다스리는 영방의 종파를 결정한다고 하는 아우크스부르크의 종교회의(1555년)는 일정 종파에의 귀속을 공민권의 조건으로 하여 영방들 사이의 종파 분열을 심화시켰다. 또한 베스트팔렌 조약에서 인정된 종파 동권은 제국 의회가 종교 사항에 대해 결정하는 데서 양 종파의 합의를 요구했다. 그리하여 헤겔은 바로 종교에 의하지 않는 외면적 결합이 근대 국가의 원리를 이루어야 한다고 주장하고, 정교 분리의 결론을 도출한다.

두 번째 역사적 요인으로서 거론되는 것은 종교 내전의 또 하나의 귀결, 즉 영방고권을 지닌 제국 신분들의 정치적 독립이다. 베스트팔렌 조약은 제국이 독립 국가들로 해체되는 경향을 강화했을 뿐만 아니라 외국 세력의 내정 간섭까지 인정하여 독일의 통치 부재를 제도화하고 독일의 근대 국가화를 방해했다고 평가된다. 이러한 제국 신분들의 독립이 '독일적 자유'라고 불렸던 것에 대해 헤겔은 몽테스키외를 따라 신분제 의회에서 발견되는 다른 '독일적 자유'를 대치시킨다. 헤겔에 따르면 게르만의 삼림으로부터 발생한 대의제도야말로 종교를 대신해야 하는 "외면적인 법적 유대"이며, 동양의 전제정과 로마 공화정에 이어지는 "세계정신의 제3의 보편적 형태"를 이룬다. 자유를 추구하는 10년간의 프랑스 국민의 투쟁을 거쳐 "자유라는 맹목적인 부르짖음"은 사라지고, 우리는 "이러한 대의체 없이 자유는 이미 생각될 수 없다"는 것을 배웠다. 거기서 헤겔은 오스트리아를 구성하는 영방들의 의회를 증거로 내세워 "독일의 대부분의 국가들은 이러한 대표를 갖추고 있다"고 지적한다.

세 번째 역사적 요인으로서 헤겔은 종교의 이해관계와 신분들의 독립을 표어로 하여 강대하게 된 프로이센의 존재를 든다. 프로이센은 7년 전쟁 (1756-63년)에서는 "프로테스탄트 신앙과 양심의 자유의 옹호자"를 자칭하고 합스부르크가 지배의 위협에 대한 '독일적 자유'의 구원자라고 선전함으로써 오스트리아와 견주는 강대한 주권 국가로 발전을 이루었다. 하지만 황제 요제프 2세의 관용 정책으로 인해 가톨릭의 개종 활동에 대해 프로테스탄트가 지니고 있던 우려는 사라졌으며, 독일의 영방 의회들은 프로이센보다도 오히려 황제로부터 '독일적 자유'에 대한 지지를 기대할 수 있다. 헤겔은 이와 같이 반-프로이센적인 성격이 강한 제국의 역사를 그려내고 대의제의 존재를 이유로 하여 합스부르크가의 편을 드는 것이다.

제국 애국주의와 그 한계

그리하여 제국 해체에 대한 위기감을 강화한 헤겔은 공화주의자로부터 제국 애국주의자로 변신하고 오스트리아를 중심으로 한 제국의 재건에 내기를 건다.

주요 초고의 말미에서 제시되는 제국 국가 체제의 개혁안에 따르면, 독일의 전 병력을 하나의 군대로 통합하여 황제의 지휘 하에 둠과 동시에

군사 경비는 현행대로 영방들로부터, 그것도 제후들이 아니라 황제에게 직접 지불되어야 한다. 이때 모든 영방 의회들을 일체화하여 '크라이스'(Kreis)라고 불리는 하위의 군사 구획으로부터 의원을 선출한 다음, 제국 도시들로 이루어지는 도시단과 일체를 이루어 선제후단 및 제후단과 함께 제국 의회가 구성되어야 한다.

헤겔의 제국 재건안은 이와 같이 병력과 전비를 중심으로 제국 국가 체제를 수정·보완하는 정도에 머물고 있었다. 그리하여 1803년 2월의 제국 대표자 회의 본결의가 세속화와 배신화(陪臣化)로 이루어지는 제국의 근본적 재편 계획을 명확히 했을 때, 개혁 제안으로 끝날 「독일의 헌법」도 중단될 수밖에 없었던 것이다.

하지만 제국 재건안을 집필했던 1801년에조차 헤겔은 그 실현 가능성에 회의적이었다. 왜냐하면 제국에 안전을 보장해야 할 영방 의회들이 현실적으로는 전비 공여에 대해 가장 반대하고 있었기 때문이다. 이러한 통찰과 행위, 이론과 실천의 간격에 직면한 헤겔은 마키아벨리를 인용하여 독일 통일은 새로운 군주와 같은 '정복자의 힘'으로부터 기대될 수 있다고 결론을 내리고, 이러한 구원자를 고대의 입법자 테세우스에 비교한다.

하지만 여기서 다음과 같은 의문이 솟아오른다. 헤겔은 제국 해체의 구조적 요인이 봉건적 법 상태에 있다고 인식하면서 어떻게 해서 부분적 개혁에 머물러 제국 국가 체제의 근본적 개조를 요구하지 않았던 것일까?

이 물음에 대답하는 실마리는 마지막으로 쓰인 정서 원고에서 국가의 개념을 논의한 서론에 숨어 있다. 거기서 헤겔은 국가의 개념을 "재산 전체를 공동으로 방위하기 위해 결합한" 인간 집단으로 정의하고, 그 특징으로서 공통의 무력과 국가 권력을 든다. 그리고 공통의 권력에 있어 필요한 것과 필요하지 않은 것을 구별하고, 후자를 시민 자신의 의지와 자유에 맡겨야만 한다고 주장한다. 국가의 개념에 있어 불필요한 영역은 국가 형태, 입법·행정·사법의 각 권력, 개인의 재산 관계의 규정과 조세의 통일, 종교·언어·습속의 통일과 같이 대단히 광범위하게 인정된다.

헤겔이 국가의 본질에 속하는 영역과 속하지 않는 영역을 구별하는 이유는 무엇일까? 그것은 근대 국가인 한에서 중심점에로의 권력 집중과 사회적 영역에로의 권력 분산이 모두 필요로 된다는 점에 놓여 있다. 헤겔은 다음과 같이 말한다. "오늘날의 국가 규모에서는 모든 자유인이 일반적 국사에 관한 협의와 결정에 참가해야 한다는 이상은 전적으로 실현 불가능하다. 국가 권력은 정부의 집행에서든 결정에서든 중심점으로 집중될 필요가 있다. 이 중심점 그 자체가…… 군주의 인격이라는 불변적인 형태를 취해 신성화되게 되면, 국가 권력은…… 사회에서 생겨나는 대부분의 관계들과 법률에 의한 그 유지를 하위의 제도와 단체에 맡길 수 있다."(173쪽)

이것은 프랑스 사상가 토크빌이 나중에 말하는 '정치의 집권'과 '행정의 분권'을 모두 실현하는 구상이며, 나중의 헤겔에 의한 국가와 시민사회의 구별에 연결되는 사고방식이다. 그것은 무엇보다도 초고 「독일 관념론의 가장 오랜 체계 계획」에서 보인 기계적 국가관에 대한 비판과 맞짝을 이루고 있다. 헤겔은 인민에게 전능의 권력을 부여하는 루소의 인민 주권 이론이 국가를 "무수한 모든 톱니바퀴에 운동을 전달하는 단일한 용수철을 지니는 기계"로 간주하고 모든 것을 "최고의 국가 권력에 의한 직접적인 활동"에 따르게 한다는 점에서 잘못이라고 비판한다. 나아가 그는 프랑스 공화국이 "모든 것을 위로부터 통제하고자 하는 근대 국가"라는 점에서 프로이센과 공통된다고 간주하고, 그 행정적 집권을 거부한다. 이에 반해 여기서의 헤겔은 중앙 집권의 강대화를 방지하는 구 유럽의 입헌주의적인 전통을 평가한다는 점에서 '제국 애국주의'의 입장에 서고 있다. 유럽 봉건제 질서에 호의적인 이러한 헤겔의 입장이야말로 그로 하여금 국가 개념을 넓게 이해하게 만들고 그의 사고를 제국 국가 체제의 틀 내에 가둔 근본 요인인 것이다.

따라서 「독일의 헌법」의 헤겔은 독일 국법의 사법적 형식이야말로 제국 해체의 구조적 요인이라고 옛 제국의 병적 상황을 날카롭게 진단하면서도, 통일적인 공권력을 확립하는 것에 필요한 처방전을 제시하고 있지는 않다. 봉건 귀족에 의한 정치권력의 사유화를 참으로 극복하기 위해서는 봉건 영주로부터 과세권·재판권·행정권과 같은 중간 권력을 탈취하여 국가의 정점에 집중시킬 필요가 있다. 하지만 헤겔은 제국 국가 체제의 계층제적 토대를 철폐할 수 있다는 것 따위에 대해서는 꿈에도 생각하고 있지 못하다. 이런 의미에서 제국 해체의 구조적 요인에 대한 날카로운 현상 진단과 대단히 불완전한 처방전 사이에서는 중대한 이론 적 모순이 보인다.

헤겔이 최후에 제시해야 했던 개혁 제안은 지상의 계획으로 끝났을 뿐만 아니라 그의 소망과는 정반대로 이 이후의 제국 신분들은 제국으로부 터의 원심화 경향을 점점 더 강화해 간다. 1804년 5월에 나폴레옹이 황제에 즉위하고 프랑스 제국을 창립했을 때, 세속화와 배신화로부터 이익을 얻은 남독일 나라들은 나폴레옹에 대한 지지를 표명한다. 그리고 다음 해 8월에 제3차 대프랑스 동맹이 결성되었을 때, 북독일 나라들이 잇따라 중립을 지키는 한편, 남독일 3국은 프랑스와 동맹을 맺고 오스트리아와 내전을 벌이는 것이다. 더 나아가 1805년 12월에 나폴레옹이 아우스테를리츠 전투 에서 승리를 거둔 후, 남독일 나라들은 1806년 7월, 나폴레옹을 보호자로 하는 '라인 동맹'을 설립하고 옛 제국으로부터 이탈해 간다. 그리하여 그 다음 8월에 프란츠 2세는 황제의 칭호를 내던지고, 신성 로마 제국은 1000 년여의 장구한 역사를 끝맺게 되었다.

이리하여 제국의 붕괴와 함께 제국의 재생에 내기를 건 제국 애국주의자 헤겔의 구상도 한때의 꿈으로 변하여 무너져버렸다. 하지만 헤겔은 프랑스 군 점령을 경험한 후의 새로운 질서의 독일에서 앞의 이론적 모순을 해결할 것을 강요받는 것이다.

2. 계몽주의 비판에서 낭만주의 비판으로

피히테와 셸링의 논쟁

예나로 옮겨간 헤겔은 1801년 10월에 『피히테와 셸링 철학 체계의 차이』를, 다음 해 1802년 7월에는 「신앙과 지식」을 공표하여 칸트 이후의 관념론을 둘러싸고 피히테와 셸링 사이에서 교환된 논쟁에 가담한다. 거기서 헤겔은 칸트와 피히테의 주관성 철학을 비판할 뿐만 아니라 셸링의 동일철학과 다른 독자적인 입장을 표명하고 있다. 예나 시대 최초의 몇 년 간의 헤겔을 이해하기 위해 먼저 초기 피히테와 초기 셸링의 철학은 서로 어떻게 다른 것인지를 간결하게 살펴보기로 하자.

칸트는 다양한 지각을 통일적으로 파악하는 근거로서 "나는 생각한다"라는 자기의식의 통일의 원리를 들고, 이것을 "통각의 종합적 통일"이라고 부르고 있었다. 칸트의 계승자를 자임하는 피히테는 "나는 생각한다, 따라서 나는 있다"라는 인식 주체의 존재방식을 "자아는 자기 자신의 존재를 정립한다"라고 이해하고, 이것을 '자아＝자아'라는 명제 형식으로 표현했다. 그리고 '자아＝자아'라는 동일률의 명제를 제1원리로서 세우고 그로부터 '비아'라고 불리는 자아 이외의 존재를 근거짓고자 했다. 거기서는 이전에 형이상학적인 세계상 안에서 신이 차지하고 있던 세계 창조자의 지위를 자각적인 인식 주체로 치환하고자 하는, 칸트가 시작한 코페르니쿠스적 전회가 계승되고 있었다.

횔덜린과 셸링 등 낭만파의 청년들은 절대 자아를 원리로 하는 피히테의 학문론(Wiseenschaftslehre)을 예나 대학의 강의에서 듣고 열광했다. 그 가운데 한 사람이었던 젊은 셸링도 초기의 저작 『철학의 원리로서의 자아』에서 피히테의 절대 자아를 철학의 원리로서 받아들인다. 다른 한편으로 그는 자기 자신의 존재를 정립하는 자아의 개념을 스피노자가 말하는 "유일한 실체", 즉 모든 존재자의 "내재적 원리"로서 이해한다. 스피노자가 "모든 존재자는 신 안에 있다"고 생각했듯이 스피노자주의자 셸링은 신 내지 실체를 자아로 치환하여 "모든 존재자는 자아 안에 있으며, 자아 외에는 아무것도 없다"고 선언한다(셸링, 1795).

신학원을 졸업한 셸링은 1796년부터 2년간 라이프치히 대학에서 자연 과학을 공부하고 자연철학 연구에 전념한다. 그 구상을 정리한 「최신 철학 문헌 개관」에서 셸링은 스스로가 자기 자신에게 있어 객체로 되는 "정신의 자기 직관"이라는 지적 직관의 이론을 전개한다. 그에 따르면 대상을 자기로부터 구별하는 의식에 선행하여 자기에 대해 스스로가 객체 로 되는 "정신"이 존재하며, 이러한 정신의 자기 직관은 현재의 의식을 넘어선 저편에 "유기적으로 자기 조직화하는 자연" 안에서 발견된다고 한다(셸링, 1797-98). 이리하여 자아철학으로부터 출발한 셸링은 의식에 선행하여 존재하고 또 의식을 산출하는 힘을 자연계 안에서 찾아내는 자연 철학으로 전환한다. 그리고 『자연철학의 이념』 제1부(1797년)에서 그는 "자연은 눈에 보이는 정신이며, 정신은 눈에 보이지 않는 자연이기" 때문에 "우리의 내적인 정신과 외적인 자연과의 절대적 동일성"이야말로 탐구해 야 할 자연철학의 이념이라고 선언한다.

자연철학의 업적을 인정받은 셸링은 1798년 10월에 예나 대학의 원외교 수로 취임한다. 그리고 주저 『초월론적 관념론의 체계』(1800년 5월)에서 자신의 자연철학과 피히테의 초월론 철학(즉 학문론)을 원리상으로는 대립 하면서 상호적으로 서로 보완하는 두 개의 대등한 학문으로서 근거짓고자 한다. 셸링에 따르면 자연철학과 초월론 철학은 "세위"(勢位, Potenz)라고 불리는 잠재적 힘이 단계적으로 고양되는 "자기의식의 역사"의 일환으로 서, 실은 연속되고 있다. 그리고 양자는 자연이라는 저차적인 세위로부터 시작하여 "자아가 최고의 세위에서 의식으로까지 고양되어 가는 직관의 단계적 발전"을 의미한다고 한다(셸링, 1800).

이 책을 받아든 피히테는 1800년 11월의 서간에서 초월론 철학과 자연철학을 양립시키는 셸링의 시도에 동의할 수 없으며, 자기 정립하는 자아의 활동과 병행하는 것과 같은 자연의 자기 구성은 '허구'에 지나지 않는다고 반론한다. 이에 대해 셸링은 자연철학과 초월론 철학은 "동일한 하나의 전체, 요컨대 철학 체계 속의 대립하는 두 가지 부분"에 지나지 않는다고 대답하고, 자연철학과 초월론 철학의 대립은 "절대적 동일성의 체계"로 해소될 수 있다고 주장한다.

셸링은 그 다음의 저작 「나의 철학 체계의 서술」(1801년 5월)에서 동일 철학이라는 새로운 입장을 주창한다. 그것에 따르면 이성은 그로부터 주체적인 것을 사상하면 주체적인 것도 객체적인 것도 아니게 되어 주체와 객체의 대립을 넘어선 "완전한 무차별"로서 이해될 수 있다. 그것은 일체의 차이를 배제한다는 점에서 "동일성의 동일성"이라고 불린다. 이에 반해 현실에서 발견되는 차이는 이성의 외부에 있는 "대상"에 속한다고 설명된다. 그리고 지적 직관으로부터 의식하는 주체를 사상하여 얻어지는 직관적 인식이 "사변"이라고 불리며, 현상의 차이를 인식하는 "반성"의 활동은 사변적 인식으로부터 모두 배제된다(셸링, 1801).

이러한 동일철학을 알게 된 피히테는 1801년 10월의 서간에서 "칸트와 나의 저작에 의해 세상에 알려져 있던 유일하게 가능한 관념론"을 "당신은 파악하지 못했으며, 아직도 파악하고 있지 못하고, 당신이 취하고 있는 수단으로는 결코 파악할 수 없을 것입니다"라고 답신하고 셸링과 결별하게 된다(셸링, 1968).

이율배반의 헤겔적 해결

이렇게 피히테와 셸링의 논쟁이 단순한 견해 차이에 그치지 않고 험상궂은 대립으로 전화하려고 하는 시기인 1801년 초에 헤겔은 예나로 옮겨가 셸링과 협력 관계에 들어갔다. 그러나 양자의 논쟁을 근거로 하여 10월에 출간된 『차이저술』을 잘 검토해 보면, 예나 초기의 헤겔은 피히테의 주관성 철학을 비판할 뿐만 아니라 셸링의 동일철학과도 다른 독자적인 입장을 주장하고 있다는 것이 분명히 드러난다. 그러면 헤겔은 피히테와 셸링의 양자를 어떠한 점에서 비판하는 것일까?

헤겔은 피히테의 학문론이 '자아＝자아'의 명제 형식을 취하여 주체와 객체의 동일성을 체계의 원리로 높이면서 주체와 객체를 대립시키는 결과로 끝나고 있다고 비판한다. 그리고 주체와 객체의 깊은 대립은 절대 자아에 의한 외적인 자연 지배, 자아와 타아 사이의 상극, 이성에 의한 내적인 자연 지배라는 형태를 취하여 자연법론으로부터 도덕론에 이르기까지 체계의 곳곳에서 나타나 있다고 지적한다. 헤겔에 따르면 이러한 현상들은 문화의 진전에 따라 강화되어 가는 "분열의 힘"을 표현하지만, 이러한 분열의 힘은 "풍토적 신성함"을 띠고 있으며, "서구 북부"라는 내륙 유럽에서 보이는 고유의 힘이라고 한다.

이어지는 「신앙과 지식」에서 헤겔은 칸트의 실천 이성의 요청론과 야코비의 스피노자 이해가 전제하는, 이성과 신앙, 현상과 사물 자체의 이원론을 집어 들고서는 다음과 같이 비판한다. 칸트와 야코비처럼 절대자를 "피안의 존재로 간주하고, 자신의 외부에 있는, 자신을 넘어선 신앙 속에 놓게" 되면, 이성은 "신앙의 시녀"로 화하고, 절대자는 인식될 수 없다고 체념하며, 감각적 경험을 절대시하는 불가지론에 빠져버린다. 헤겔에 따르면 칸트 등에게서 보이는 세계정신의 형식이란 "주관성"이라는 "북방의 원리", 더욱이 종교적으로 보면 "프로테스탄티즘의 원리"를 의미한다. 절대자를 피안에 두는 프로테스탄트의 신조가 유한자를 절대화하는 로크나 흄의 계몽사상에 의해 변용된 후에, "계몽과 행복주의의 근본적 성격을 최고도로 완성시켰던" 것이 바로 칸트와 피히테의 "주관성 철학"이었다고 한다.

그리하여 주관성 철학에 대한 헤겔의 비판은 계몽사상에 의한 자연의 객체화에 대해 낭만주의가 가한 가장 이른 시기의 비판으로 볼 수 있다.

헤겔에 따르면 주관성 철학에서 나타난 계몽주의는 주체와 자연, 이성과 감성, 이성과 신앙을 분리하여 파악하는 견해이며, 주체와 객체의 분열을 고정화하는 반성(또는 지성)의 입장을 언표하고 있다.

헤겔은 피히테의 학문론과 같이 주체 측을 주체와 객체의 동일성으로 파악할 뿐만 아니라 객체 측도 주체와 객체의 동일성으로서 파악할 것을 요구한다. 요컨대 셸링 철학에 따라 완전히 객체화되지 않는 자연에 고유한 생명력을 인정할 것을 요구하는 것이다. 그리하여 그는 『차이저술』에서 초월론 철학과 자연철학이 상호적으로 서로 보완하는 양립 가능한 두 개의 학문이라고 주장하며 셸링의 자연철학을 지지하고 있다.

하지만 『차이저술』을 잘 읽어 보면, 헤겔은 셸링의 동일철학과 다른 동일성 개념을 표명하고 어디까지나 분리와 반성의 필요성을 옹호하고 있다는 것을 깨닫게 된다. 첫째로, 헤겔은 주체와 객체, 이성과 자연의 양자는 절대자 안에서 분리된 것에 머물러야 하며, 분리된 성격을 잃어버려서는 안 된다고 주장한다. 그리하여 체계 원리를 이루는 절대자는 주체와 객체의 무차별이 아니라 양자의 분리를 받아들인 동일성, "동일성과 비동일성의 동일성"이지 않으면 안 된다. 분리를 받아들인 동일성이라는 헤겔의 독자적인 사상은 프랑크푸르트 시기 말엽에 얻어진 "결합과 비결합의 결합"이라는 삶의 사상을 계승하는 것이며, 여기서도 "필연적 분열은 삶의 하나의 요소다"라고 설명되고 있다.

둘째로, 헤겔은 절대자를 우리 자신의 "반성의 산물"로 파악하고 "의식 속에서" "의식에 대해" 구성할 필요가 있다고 주장한다. 그리하여 절대자를 반성적 수단으로 표현하는 유일하게 가능한 명제 형식으로 생각되는 것이 칸트가 발견한 이율배반이다. 절대자를 명제 형식으로 표현하고자 하면, 반성 능력은 이것을 하나의 명제만으로 표현할 수 없다. 예를 들어 명제 A = A로 동일성을 표현하면 이로부터 일체의 차이가 배제되며, 명제 A ≠ B로 비동일성을 표현하면 이로부터 일체의 동일성이 배제된다. 하지만 서로 대립하는 두 개의 명제가 이율배반으로서 파악되고 각 명제의 일면성이 상호적으로 부정될 때, 반성 능력의 한계를 보완하고 양 명제를 종합하는 능력으로서 지적 직관이 필요하게 된다. 이러한 의미에서의 "반성과 직관의 동일성"이야말로 "사변"이라고 불린다. 반성적 수단으로 절대자를 파악하고자 하는 헤겔의 독자적인 사상은 반성에 의한 감정의 보완이라는 프랑크푸르트 말기의 사상을 계승하는 것이며, 여기서는 이율배반을 새로운 해결 수단으로서 생각하고 있다.

더 나아가 헤겔에 의한 이율배반의 이해는, 그 내용에 주목하자면, 주관성 철학과 동일철학, 계몽주의와 낭만주의를 모두 비판하면서 이들을 종합하고자 하는 그의 근본 구상을 보여주고 있다. 전자의 주관성 철학은 주체와 객체의 분리를 고정화하는 반성(내지 지성)의 입장을 표현하는 것인데 반해, 후자의 동일철학은 주체와 객체의 합일을 고집하는 직관(내지 감정)의 입장을 표현하는 것이었다. 그리하여 양자는 언뜻 보면 분리인가 합일인가라는 이율배반의 형식을 취하며 서로 대립하고 있는 것으로 보인다. 하지만 헤겔은 그 둘 다 부분적인 진리에 지나지 않으며 일면적인 입장이기 때문에 함께 종합할 필요가 있다고 생각한다. 따라서 『차이저술』에서 보이는 이율배반의 헤겔적 해결은 칸트의 변증법을 칸트 자신에게 적용하고, 칸트와 그 반대자를 공히 극복하고자 한다는 점에서 헤겔 변증법의 최초의 형태라고 말할 수 있다.

하지만 주체와 객체의 합일과 분리, 직관과 반성이라는 서로 반대하는 두 개의 입장은 어떻게 종합될 수 있으며, 그리하여 이율배반이 해결될 수 있을 것인가? 이 이후의 헤겔은 예나 시기 체계 구상들에서 바로 이 과제를 해결하고자 시도한다.

예나 초기의 삼위일체설 수용

『차이저술』을 출간한 헤겔은 1801년도 겨울학기의 강의 초고에서 ①

"이념의 학문"인 논리학으로부터 "이념의 실재성의 학문"인 ② 자연철학과 ③ 정신철학을 거쳐, ④ 예술·종교에 이르는 네 부문의 체계 구분을 적어 놓고 있다. 그리고 이러한 체계 구분에 따라 1803년도 이후의 강의에서 체계 구상을 시도하면서 학문의 체계에 관한 저작의 출간을 예고한다. 이 출간 계획을 부분적으로 실현한 저작이 1807년 4월에 출간된 『학문의 체계 제1부, 정신의 현상학』이다.

『정신현상학』 서문에서 헤겔은 체계 전체를 근거짓는 원리로서 정신 개념을 들면서 이전에 맹우였던 셸링의 동일철학을 공공연히 비판한다. 『정신현상학』 서문에서 보이는 체계 원리와 낭만주의 비판을 이해하기 위해 그 전에 우선 헤겔이 예나 시기의 체계 구상에서 삼위일체설과 자기의식 모델을 어떻게 수용하고 있는지 살펴보자.

1802년 여름의 자연법 강의 초고에서 헤겔은 정통 그리스도교로 입장을 전환하고, 아버지인 신, 아들인 그리스도, 성령의 3자를 일체로 보는 그리스도교 신학의 교의, 즉 삼위일체설을 "정신의 사변적 이념"이라고 부르며 받아들이고 있다. 우선 헤겔은 고대 그리스의 자연종교, 고대 로마의 유대교, 그리고 그리스도교라는 세 개의 종교 형식들을 최초의 동일성으로부터 시작하여 무한한 차이와 분열을 거쳐 완전한 조화의 재현에로 향하는 인류사의 세 개의 발전 단계를 이루는 것으로 이해한다. 여기서는 세계에는 신이 두루 내재한다고 하는 그리스적인 범신론의 재생을 단념하고, 유일신이 세계를 창조·지배한다고 하는 일신교에 의한 "자연의 신성 박탈"을 인정하게 된 헤겔의 새로운 입장이 엿보인다.

하지만 그리스도교가 창조자와 피조물을 나누는 유대교에 특유한 이원론을 전제로 하는 한에서, 신과 인간의 중간에 위치하는 '신의 아들' 예수를 어떻게 이해해야 할 것인가 하는 문제가 새롭게 생겨난다. 바로 이것이야말로 고대 로마 제국에서 그리스도교의 정통 교의를 정하는 데 있어 커다란 논쟁의 대상이 된 문제였다. 이 결과 니케아 신조(325년)에서는 신과 예수, 아버지와 아들은 유사한 성질이 아니라 동질이라고 하는 동질설이 채택되어 헤브라이즘의 신중심주의에 따라 예수가 천상으로 상승하고 신격화되었다. 이에 반해 이어지는 칼케돈 신조(451년)에서는 예수에게는 신성과 인성이 병존한다고 하는 양성설이 채택되어 헬레니즘의 인간중심주의에 따라 예수가 다시 지상으로 하강하고 인간화되었다.

헤겔은 십자가에 달려 죽음을 당한 예수의 수난을 "신의 죽음"이라고 부르며 인정한 데 토대하여 예수를 신이 인간의 모습을 취해 현세에 나타난 "신의 인간화(육화)"로 해석한다. 그리고 예수의 신격화와 인간화라는 서로 대립하는 논리의 결합으로부터 신이자 인간인 "신인"(神人, Gottmensch) 예수라는 그리스도교의 중심 이념을 이해하고자 한다. 헤겔은 다음과 같이 말한다. "신 자신이 지상에서 죽었다고 하는 사상이 이러한 무한한 고통을 유일하게 나타내듯이, 그가 무덤으로부터 부활했다고 하는 사상은 그의 화해를 나타낸다. 그의 삶과 죽음에 의해 신이 폄하되고 그의 부활에 의해 인간이 신격화되었던 것이다."(로젠크란츠, 138쪽)

더욱이 헤겔은 아버지·아들·성령이라는 삼위일체설에서 통일·분열·재통일이라는 "사변의 최초의 이념"을 발견할 수 있다고 생각한다. 콘스탄티노플 신조(381년)는 니케아 신조에 입각하여 아버지·아들·성령이라는 세 개의 위격이 신이라는 하나의 실체를 이룬다고 결정했다. 그것과는 달리 헤겔은 삼위일체설을 신성과 인성이 병존한다고 하는 칼케돈 신조로부터 다시 해석하고, 마지막의 '성령'(Geist)을 신성과 인성, 아버지와 아들을 통일하는 신인(神人) 예수의 이념에 따라 이해하고자 한다. 신인 예수 교설에 의해 재해석된 삼위일체설이야말로 지상과 천상, 이성과 신앙의 이원적 대립을 극복하는 실마리를 헤겔에게 부여하게 된다. 하지만 신인 예수 교설과 삼위일체설을 통일적으로 파악하기 위해서 헤겔은 타자에게서 자기에게로 귀환하는 '정신'(Geist) 개념을 손에 넣을 필요가 있었다. 이러한 정신 개념이야말로 헤겔 철학의 중심 이념을 이루는 것이다.

예나 중기의 자기의식 모델 수용

정신 개념은 자기의식의 반성적 구조를 모델로 하여 이율배반의 해결을 시도하는 가운데 예나 중기인 1804년의 체계 구상에서 처음으로 표명되었다(아카데미 판 전집 제7권).

1801년부터 다음 해에 걸쳐 쓰인 논문 「자연법의 학문적 취급 방식」에서 헤겔은 "자기 자신의 반대물"로 이행한다고 하는 운동과 변화의 논리로부터 통일과 대립이라는 두 가지 명제의 정립을 설명하고, "대립물로의 이행"이라는 논리야말로 순수 이성의 개념을 이룬다고 주장한다. 예를 들어 우리는 일상적 세계에서는 주위 환경과 일체화되어 그때그때마다의 기분과 정서를 체험하면서 생활하고 있는데, 거기서는 주체와 객체가 명확히 구별되어 있지 않다. 하지만 이러한 일상생활의 체험도 "나는 생각한다"라는 반성 작용을 가하여 개념에 의해 추상화하게 되면, 요컨대 생활상의 감각을 사고하고 거리를 두고서 대상화하게 되면, "내가 대상을 의식한다"라는 의미에서 주체와 객체가 분리된 상태로 전화될 수 있다. 하지만 추상화에 의해 추출된 객체도 그에 대해 한층 더 반성 작용을 가하고 이것이 개념에 의해 구성된 사고 활동의 소산이라고 자각하게 되면, "대상 안에서 자기 자신을 발견한다"라는 의미에서 주체와 객체가 다시 통일된 고차적인 상태로 되돌아갈 수 있다. 여기서는 주객의 통일로부터 대립에, 주객의 대립으로부터 재통일에 이르는 "대립물로의 이행"이라는, 즉 부정적인 의미의 변증법 논리가 처음으로 간취된다.

1803년도의 체계 구상(정신철학 강의 초고)에서 헤겔은 의식에 대립하여 나타나는 외적인 대상(칸트가 말하는 '사물 자체')이 사실은 의식에 의한 추상화의 산물에 다름 아니라고 지적하고, 이것을 "자기 자신의 타자"라고 부른다. 이것은 주체와 객체의 대립으로부터 통일에 이른다고 하는 대립물로의 이행의 논리를, 자기 자신을 대상화하는 자기의식의 반성적 구조를 모델로 하여 다시 설명한 것이라고 말할 수 있다. 여기서는 의식의 내용과 그 밖에 있는 대상을 분리하여 '현상'과 '사물 자체'의 형태로 대립시키는 칸트의 이분법을 넘어서고자 하는 헤겔의 구상이 제시되어 있다.

더 나아가 1804년도의 체계 구상(논리학·형이상학 강의 초고)에서는 최초의 반성 작용에 의해 자기 자신을 대상화하고 자기를 외적인 대상으로서, 즉 '타자'로서 의식한 다음, 두 번째 반성 작용에 의해 대상 안에서 '자기 자신'을 발견하고 자기에게로 귀환하는 운동을 행하는 주체를 "절대적 대상"이라고 부르고 있다. 그리고 자기 자신을 이중화하고 자기에게로 귀환하는 이러한 정신의 운동을 논리학의 용어를 사용하여 "다시 긍정으로 되는 이중의 부정"이라 명명한다. 예를 들어 우리의 직접적 경험에서 발견되는 주체와 객체의 미분화된 통일도 이것에 반성 작용을 가하고 사고 활동에 의해 추상화하게 되면, 요컨대 "부정하게" 되면, 주체가 자기를 타자로서 의식하는 상태로 전화될 수 있다. 하지만 주체에 대립하는 객체도 이에 대해 새로운 반성 작용을 가하고 이것이 추상화라는 사고 활동의 소산이라고 자각하게 되면, 요컨대 다시 "부정하게" 되면, 주체가 대상 안에서 자기 자신을 발견하고 자기에게로 귀환한다고 하는, 즉 고차적인 수준에서 주체와 객체를 다시 통일한 상태로 되돌아갈 수 있다.

타자에게서 자기에게로 귀환하는 이러한 절대 정신의 운동은 피히테에게서 보이는 자기의식의 반성적 구조를 모델로 하여 얻어진 것으로 생각된다. 따라서 이것을 프랑크푸르트 시기에 보였던 것과 같은 삶의 개념, 즉 근원의 통일로부터 분열과 대립을 거쳐 최초의 통일로 다시 귀환한다고 하는 낭만주의적인(내지 신플라톤주의적인) 삶의 개념과 혼동해서는 안 된다. 왜냐하면 여기서 말하는 자기 자신을 이중화하는 정신의 운동이란 통일과 대립을 사태의 양면으로 하여 통일적으로 파악하는 사고 활동, 요컨대 칸트가 말하는 "통각의 종합적 통일"에 의해 비로소 수행되기 때문이다. 여기서 얻어진 정신 개념, 즉 타자에게서 자기에게로 귀환하는 정신의 개념이야말로 자기 자신을 부정하고 타자로 된다고 하는 부정적인 의미의 변증법 논리를 이룰 뿐만 아니라 이중의 반성 작용을 매개로 하여 통일과 대립이라는 이율배반을 해결하는 체계의 원리를 제공하는 것이다.

실체-주체론의 변증법——『정신현상학』(1)

이제 여기서 『정신현상학』의 서문으로 들어갈 수 있다. 거기서 헤겔은 정신 개념을 '실체-주체론'이라는 정식에서 설명하고 있다. 이 실체-주체론이야말로 오랫동안 일본에서 『정신현상학』을 해석하는 자들을 현혹시켜 온 걸림돌이었다. 하지만 『정신현상학』의 성립사를 염두에 두게 되면, 서문에서 정식화되어 있는 정신 개념은 처음으로 실체-주체론을 전개한 종교 장을 참조할 때에 비로소 적절하게 이해될 수 있다는 것이 드러난다. 우선 최근에 명확하게 된 『정신현상학』의 성립 과정을 살펴보자.

1806년 2월에 "학문의 체계"라는 제목을 달고 있는 저작의 인쇄가 시작되었을 때, '서론'(Einleitung) 앞에 놓인 중간 표제는 "제1부, 의식 경험의 학"이라는 제목이 달려 있었다. 독자를 체계로 이끄는 "의식 경험의 학"이야말로 헤겔의 최초의 구상이었다. 실제로 같은 해 여름 학기의 논리학 강의에서는 논리학에로의 도입부를 이루는 의식 경험의 학이 강의되고 있었다. 그러나 겨울 학기의 강의 고시에서는 "정신의 현상학"이라는 제목이 붙은 "학문의 체계 제1부"의 출간이 새롭게 예고되었다. 본론을 쓰고 있는 도중에 헤겔의 구상이 "정신의 현상학"에로 바뀌었던 것이다. 본문의 최종 부분은 1806년 10월 13일에 집필되며, 맨 앞에 놓이는 '서문'(Vorrede)이 다음 해 1월까지 집필되어 각각 출판사로 보내졌다. 그리고 인쇄의 최종 단계에서 서문과 서론 사이에 삽입되는 중간 표제가 "Ⅰ 정신의 현상학"으로 바뀌어 놓이게 되고, 1807년 4월에 『학문의 체계 제1부, 정신의 현상학』이 출간되었다.

이러한 저작의 성립사를 되돌아보게 되면, 의식 경험의 학이라는 최초의 구상이 1806년의 봄부터 여름에 걸쳐 정신의 현상학으로 바뀌어 갔음을 알 수 있다. 이에 대응하여 최초에 쓰인 서론은 의식 경험의 학에 대한 서론이라는 성격을 지닌다. 이에 반해 최후에 쓰인 서문은 현상하는 정신의 학뿐만 아니라 학문의 체계에 대한 서문도 의미하고 있다. 따라서 본론에서는 마지막의 종교 장에서 실체와 주체의 변증법에 의해 설명된 정신 개념이 최후에 쓰인 서문에서 실체-주체론으로서 정식화되어 있다고 생각된다. 따라서 본론의 종교 장의 논의를 살펴보는 것이 그것을 이해하기 위한 지름길이다.

종교 장에서는 오리엔트의 '자연종교'에서 시작하여 그리스의 '예술종교'를 거쳐 로마의 '계시종교'에 이르는, 새로운 종교사의 조감도가 묘사되어 있다. 우선 '자연종교'의 최초의 형태로서 논의되는 것은 페르시아의 조로아스터교와 이스라엘의 유대교처럼 해돋이의 빛을 예배하는 종교, 즉 "빛의 종교"이다. 이것은 해돋이에서 모습을 드러내는 숭엄한 태양을 그 자체로 독립하여 존재하는 것, 즉 '실체'라고 믿고 신으로서 예배한다는 점에서 "단순한 실체"의 단계라고 불린다.

다음으로 그리스의 '예술종교'에서는 신과 인간이 동일한 모습이라고 하는 신인동형설의 입장에서 태양신 아폴론이 사실은 인간 자신의 본질을 나타내고 있다고 자각된다. 요컨대 그리스인이 창작한 예술 작품과 마찬가지로 신들도 역시 자기 자신을 자각한 주체의 소산이라고 의식된다는 점에서 "실체가 폭로되고 주체로 전환되는 밤"이라고 불린다. 오리엔트의 빛의 종교에서는 주체가 실체로 전환되는 신격화가 보였던 데 반해, 그리스의 예술종교에서 보이는 것은 역으로 실체가 주체로 전환되는 신의 인간화이다.

마지막으로 '계시종교'라고 불리는 그리스도교에서는 그리스 종교의 특징을 이루는 "실체는 주체다"와 오리엔트 종교의 특징을 이루는 "주체는 실체다"라는 두 개의 명제가 통일되어 신의 본질이 '정신'으로서 계시된다. 쌍방의 서로 반대되는 명제들이 대립물로의 이행을 표현하는 한에서, 실체라는 외적인 대상의 의식과 주체라는 자기 자신의 의식은 "정신의 두 가지 계기"를 이루고 있으며, "양자의 통일로서 정신이 생겨난다"고 하는 것이다.

여기서는 이율배반을 해결하는 헤겔의 변증법이 새롭게 긍정적인 의미에서 서술되고 있다. 요컨대 "실체는 주체다"와 "주체는 실체다"라는 두 개의 명제는 각각 자기 자신을 부정하고 대립물로 이행한다는 점에서 둘 다 일면적이며 부분적으로 참인 데 지나지 않는다. 하지만 자기 자신을 부정하고 타자로 되는 일은 쌍방이 자기의 일면성을 자각하고 상호적으로 서로 보완하는 일이기도 하다. 이때 실체의 의식과 주체의 자기의식은 진리 전체의 불가결한 요소, 즉 전체의 '계기'로서 통일된다. 이것이 이율배반을 해결하고 진리를 발견하는 방법인 헤겔 변증법의 최초의 긍정적 용법이다.

여기서 '계기'(das Moment)란 본래는 라틴어로 '움직이는 힘'을 의미하고 당시에는 '결정적인 힘·요소'라는 의미에서 사용되고 있었지만, 헤겔은 새롭게 "전체의 불가결한 구성 요소"라는 의미에서 구사하고 있다. 더욱이 칸트가 사물 자체는 인식될 수 없다고 하는 진리 불가지설을 취하는 데 반해, 여기서는 서문에서 "참된 것은 전체다"라고 표명되는 헤겔의 새로운 진리관, 요컨대 진리 전체설을 간취할 수 있다.

더 나아가 헤겔은 그리스 종교에서 보이는 실체의 주체화를 "신적 본질의 인간화"라고 부른 다음, 로마 제국에서 십자가 위에서의 "신의 죽음"이 경험되고 신이 현실의 인간이라고 자각됨으로써 신의 인간화는 그리스도교에 의해 계승되며 신의 본질이 '정신'(내지 성령)으로서 계시되었다고 생각한다. 하지만 그리스도교에서의 '정신'으로서의 신의 계시는 특정한 인간을 피안의 대상으로 높이는 인간의 신격화를 동반하기 때문에, "아버지와 아들의 자연적 관계"를 모델로 하는 삼위일체설의 틀에서도 이해될 수 있다고 한다. 요컨대 신의 관점에서 보면, 단순한 실체는 자기를 부정하고 주체라는 타자로 됨과 동시에 이 타자를 다시 부정하고 자기로 귀환한다는 점에서 그리스도교의 신은 '정신'과 동일한 구조를 보여주는 것이다.

그리하여 자기의식 모델(요컨대 인간의 관점)에서 얻어진 정신 개념, 즉 타자에게서 자기에게로 귀환하는 정신의 개념은 아버지·아들·성령이라는 삼위일체설의 신학 모델(요컨대 신의 관점)로부터 재해석될 수 있게 된다. 이리하여 자기의식의 반성적 구조를 모델로 하는 정신 개념은 삼위일체설이라는 그리스도교의 정통 교의와 결합됨으로써 설득력이 좀 더 늘어나도록 다듬어지고 있다고 말할 수 있다.

체계 원리로서의 정신 개념——『정신현상학』(2)

종교 장에서 전개된 실체-주체론을 기초로 하여 『정신현상학』 서문에서는 체계 전체를 근거짓는 원리가 동일한 실체-주체론에 의해 설명되고 있다. 헤겔은 체계를 근거짓는 기본 원리는 절대자로서의 정신 개념이며, 이것은 "실체는 본질적으로 주체다"라는 명제로 표현된다고 한다. "참된 것은 오직 체계로서만 현실적이라는 것 또는 실체는 본질적으로 주체라는 것은 절대자를 **정신**으로 언표하는 표상 속에 표현되어 있다."(아카데미판 전집 제9권, 22쪽)

그러면 실체-주체로서의 정신 개념이란 어떻게 이해될 수 있을까?

우선 주체와 객체가 직접적으로 통일된 최초의 상태는, 그 자체에서 독립하여 존재하는 '실체'를 믿고 있는 까닭에, '그 자체에서' 존재한다고 하는 '즉자적'(an sich)인 단계에 머물러 있다. 예를 들어 자연 환경에서 발견되는 사물을 신으로 믿고서 숭배하는 고대 페르시아인의 일상생활의 체험은 이러한 즉자적인 단계에 해당될 것이다.

다음으로 최초의 존재에 반성 작용을 가하고 최초의 통일을 '부정하게' 되면, 주체는 직접적 통일로부터 분열하여 자기를 대상화하고 이중화하기 때문에, 스스로 타자가 되어 '자기에 대해' 존재한다고 하는 '대자적'(für sich)인 단계로 이행한다. 예를 들어 신을 아름다운 이상적인 인간의 모습에서 이해하고, 이것을 예술 작품에서 표현하고자 한 그리스인의 예술 생활의 체험은 이러한 대자적인 단계에 해당될 것이다.

더 나아가 두 번째의 존재에 다시 반성 작용을 가하여 타자의 존재방식이 자기 자신과 동일한 존재라고 자각하고 주체와 객체가 분열된 상태를 다시 부정하게 되면, 자기 자신에로 귀환하여 분열에 의해 매개된 고차적인 통일로 되돌아올 수 있다. 이것이 최후의 '즉자대자적'(an und für sich)인 단계이다. 예를 들어 십자가 위에서 고난을 맞보는 현실의 인간에게서 자기 자신 안에 존재하는 신적 본성을 발견한 이스라엘인의 종교 생활의 체험은 이러한 즉자대자적인 단계에 해당된다고 말할 수 있다.

이리하여 정신이란 ① 실체라는 직접적 통일로부터, ② 부정에 의한 주체의 이중화와 분열을 거쳐, ③ 부정의 부정에 의해 분열에 매개된 통일로 되돌아오는 3단계로 이루어지는 운동으로서 설명되며, 이러한 운동은 "타자존재에서 자기 자신에게로 되돌아오는 반성"이라고 불린다. 헤겔은 다음과 같이 말한다. "살아 있는 실체는 주체로서 순수한 단순한 부정성이며, 바로 그 점에 의해 단순한 것의 양분화나 대립시키는 이중화이고, 그것은 또다시 이러한 무관심한 상이성과 그 상이성의 대립의 부정이기도 하다. 오로지 이렇듯 스스로를 회복하는 동등성 또는 타자존재 속에서의 자기 내 반성—즉 근원적 통일 그 자체나 직접적 통일 그 자체가 아닌 것—이야말로 참된 것이다."(18쪽)

여기서 헤겔은 경험을 수행하는 '의식'이라는 당사자의 관점과, 이것을 외측으로부터 조망하는 '우리'라는 관찰자의 관점의 구별을 도입한다. 헤겔에 따르면 3단계로 이루어지는 정신의 반성적 운동은 처음에는 관찰자인 "우리에게 있어" 의식될 뿐, 당사자인 "의식에게 있어" 자각되어 있지 않기 때문에, 즉자적인 단계에 머물러 있다. 하지만 당사자가 자신이 경험한 사태에 반성을 가하는 가운데 최초의 자기의 관점을 상대화하고 관찰자의 관점을 내면화해 가게 되면, 정신의 반성적 운동은 당사자의 "의식에게 있어" 대상화되어 대자적인 단계로까지 높아질 수 있다. 요컨대 의식 경험의 당사자는 반성 작용에 의한 관점의 이중화를 통해 자기중심적인 관점을 극복하고 관찰자의 관점을 습득해 가게 됨으로써 좀 더 고차적인 의식 형태로 차례로 이행할 수 있는 것이다. 그리고 최종적으로는 완전히 자기 자신을 인식하는 학문의 입장에 도달할 수 있다고 기대된다.

이렇게 해서 의식이 감성적 확신과 지각이라는 직접적 형태에서 시작하여 자기의식과 이성에서의 개인의 심리적 경험, 그리고 정신과 종교에서의 인류의 역사적 경험을 거친 다음, 정신의 자기 인식이라는 "학문의 입장에 이르는 사다리"를 제공하는 것, 이것이야말로 학문에의 도입부라는 『정신현상학』의 과제인 것이다.

낭만주의와의 대결──『정신현상학』(3)

『정신현상학』 서문에서 헤겔은 실체-주체론에 의해 정신의 개념을 정의하는 한편, 셸링의 동일철학을 반복해서 비판한다. 헤겔은 동일성과 차이에 대한 이해, 직관과 반성에 대한 평가, 학문에로의 도입부의 필요, 실체와 주체의 관계라는 네 가지 점들에 걸쳐 셸링 철학의 결함을 지적하고 있다. 이것들을 순서대로 살펴보도록 하자.

첫째로, 헤겔은 모든 차이를 배제하는 주체와 객체의 절대적 동일성이라는 셸링의 절대자관을 그의 모방자들에 의한 "자연과학에서의 형식주의"에 책임이 있다고 비판한다. 셸링의 영향 하에 있었던 낭만파의 자연철학자들은 다양한 맞짝 개념들을 외부로부터 소재에 적용하고, 동일한 도식의 적용에 의해 대상이 잘못되어 보이는 것과 같은 외관을 만들어내고 있었다. 헤겔은 두 가지 색깔밖에 사용하지 않는 단조로운 형식주의는 "형태 없는 백색"밖에 사용하지 않는 "단색의 절대적 화법"으로 귀착된다고 지적하고, 절대적 동일성의 개념을 "모든 소가 까맣게 보이는 어두운 밤"이라고 부르며 "인식의 공허함"을 물리친다. 여기서는 절대자 안에서는 모든 것이 동일하다고 하는 셸링의 절대자 이해야말로 낭만파의 자연철학자들에 의한 도식의 남용을 불러 일으켰다고 비판되고 있다.

둘째로, 헤겔은 순수하게 직관적인 인식에 의해 절대적 동일성을 인식할 수 있다고 하는 셸링의 인식론을 일체의 반성 활동을 절대자 인식으로부터 배제한다고 비판한다. 헤겔은 지적 직관에 의해 절대자를 파악할 수 있다고 하는 셸링의 인식 이해를 "만약 반성이 참된 것으로부터 배제되어 절대자의 긍정적 계기로 파악되지 않는다면, 그것은 이성에 대해 잘못 아는 것이다"(19쪽 이하)라고 비판하며, 자기 자신에게로 되돌아가는 반성 활동에 의해 직접적 통일과 분열을 매개해야 한다고 주장한다. 여기서는 자기 자신에게로 되돌아가는 반성이라는 자기의식의 구조는 절대자를 파악하는 데서 직관의 도움을 이미 필요로 하지 않는다고 생각되고 있다.

셋째로, 헤겔은 지적 직관의 능력을 지니는 자에게밖에 철학의 자격을 인정하지 않는 셸링의 철학관을 모든 이에게 다가갈 수 있는 공교적인 것이라는 학문의 이념으로부터 비판한다. 절대적 동일성에 만족할 수 없는 자는 절대자를 파악할 수 없는 무능력한 자라고 이야기하는 셸링의 견해를 헤겔은 "마치 피스톨에서 총알이 발사되듯이 곧바로 절대지로부터 시작하는 열광"이라고 부르면서 그것이 철학을 "소수 개인의 비교적인 소유물"로 한정해 버린다고 지적한다. 하지만 학문이란 "공교적으로 파악될 수 있고, 배워서 모든 이의 소유물로 될 수 있을" 것이기 때문에, 알기 쉬운 지성의 형식에 의해 학문에로의 길을 모든 이에게 열고 모든 이를 위해 고르게 할 필요가 있다. 그리하여 학문을 뜻하는 자에게 제시되는 "학문의 입장에 이르는 사다리", 요컨대 학문에로의 도입부야말로 "학문의 체계의 제1부"라는 『정신현상학』의 중심 이념이다.

넷째로, 헤겔은 프랑스 혁명 후의 정신사적 상황을 되돌아보고, 셸링의 동일철학을 주체를 상실한 실체의 입장이라고 비판한다. 정신이 현재 서 있는 단계는 단순한 실체를 믿는 이전의 생활로부터 벗어나 "자기 자신 내에서의 자기에 대한 실체 없는 반성이라는 다른 극단"으로 이행했지만,

그 후에 실체의 견고한 존재를 회복할 것에 대한 요구가 이루어지고, 절대
자의 개념이 아니라 그 감정과 직관이 새롭게 추구되고 있다. 이러한 "실체
의 방종한 비등에 몸을 맡기는" 낭만주의적인 욕구에 대해 헤겔은 "닫힌
실체를 열어 실체를 자기의식으로까지 높일" 필요, 그리고 "혼돈된 의식을
사고된 질서와 단순한 개념으로 돌이킬" 필요를 이야기한다. 따라서 "실체
는 본질적으로 주체다"라는 앞의 명제는 무엇보다도 셸링의 동일철학을
특징짓는 주체의 상실로 향해 있다는 것을 알 수 있다.

　이러한 셸링 비판의 요점들 가운데 처음의 두 가지 논점은 이미 『차이저
술』에 잠재해 있었지만, 헤겔이 주관성 철학으로부터 동일철학으로 논쟁
상대방을 옮겼을 때에 『정신현상학』에서 비로소 현재화했다. 1807년 5월
의 서간에서 헤겔은 『정신현상학』의 출간을 셸링에게 알리고 "본래는
도입부를 이루는 이 제1부의 이념에 대해 자네가 무어라고 말할 것인지
대단히 흥미가 있다네"라고 쓰고, 서문의 비판은 셸링의 추종자들에게로
향해 있을 뿐이라고 변명했다. 이에 대해 11월의 서간에서 셸링은 "서문의
논쟁적 부분은 나의 추종자들에 의한 남용으로만 향해 있을지도 모르지만,
저작 속에서 (자신과 추종자들의) 이 구별조차 이루어져 있지 않다네"라고
항의하여 양자는 결별하게 되었다(서간집 제1권, 161쪽, 194쪽).

　이렇게 『정신현상학』 서문에서 헤겔은 셸링으로 대표되는 낭만주의를
정면에서 비판했지만, 그 낭만주의 비판은 셸링 등이 실체라는 직접적
통일을 고집하는 것에 맞서 주체의 분리에 의해 매개된 고차적인 통일을
요구하는 것이었다. 그것은 젊은 헤겔이 휠덜린과 공유하고 있던 낭만주의
적 세계관에 대한 탐닉을 극복하고, 고대 그리스에 대한 채워지지 않는
동경을 단념한 정신적 성숙의 소산이라고 볼 수 있을 것이다.

　그러면 같은 세대의 낭만주의자들 가운데 왜 헤겔 한 사람만이 낭만주의
를 극복할 수 있었던 것일까? 그 첫 번째 이유는 헤겔이 자기의식을 모델로
하여 절대자를 구성한다고 하는 초월론적 입장을 계속해서 유지했다는
점에 놓여 있다. 셸링은 자연과 정신의 질적 차이를 제거하고, 자기의식의

반성 활동을 생명력의 자연 성장적인 발현으로 해소하고자 했다. 이에 반해 헤겔은 정신을 자연으로부터 구분하는 결정적인 차이, 즉 자기 자신에 대해 냉정한 거리를 유지하는 반성 능력을 고수하고, 이것을 자기 이중화하는 정신이라는 형태로 체계 원리로까지 고양시킨다.

헤겔이 낭만주의를 극복할 수 있었던 두 번째 이유는 피안과 차안, 신앙과 지성을 분리하는 칸트나 야코비의 이분법을 아버지와 아들의 이반과 화해로 이루어지는 삼위일체설에 의해 극복한다고 하는, 독자적인 신학적 입장을 취했던 점에 놓여 있다. 헤겔에게 있어 신은 인식할 수 없는 피안의 '타자'가 아니라 '자기 자신'의 의식으로서, 즉 '정신'으로서 인식 가능한 이념이다. 이렇게 헤겔은 자기의식 모델을 삼위일체설과 결합함으로써 자기 이중화하는 반성 활동에 의해 절대자를 '자기 자신의 타자'로서 내면화할 수 있었던 것이며, 이의 결과로서 낭만주의와 최종적으로 결별했던 것이다.

3. 고대 정치상과의 결별

고대 자연법에로의 회귀

1801년 겨울에 헤겔은 논리학·자연철학·정신철학·예술과 종교의 네 부문으로 이루어지는 체계 구분을 적어 놓고 있다고 앞에서 말한 바 있다. 이 가운데 세 번째의 정신철학은 나중에 『법철학 요강』과 『역사철학 강의』로 발전해 가는 부문, 즉 아리스토텔레스 이래의 학문 구분에서 말하자면 '이론 철학'과 나란히 있는 '실천 철학'에 해당되는 부문이다. 그래서 여기서는 헤겔 실천 철학의 최초의 구상인 예나 시기의 정신철학 구상을 살펴보고자 한다.

정신철학의 처음 구상은 『철학비판지』에 게재된 「자연법의 학문적 취급 방식」(1802년 말-03년 봄)에서 보인다. 여기서 헤겔은 아리스토텔레스의 영향을 크게 받아 고대 자연법으로 회귀한 데 기초하여 칸트 등의 근대 자연법을 비판하고 있다(주어캄프 판 전집 제2권).

우선 헤겔은 칸트와 피히테의 형식적 자연법이 모두 다 루터파의 교설에 따라 내면과 외면의 분리를 전제하고 있다고 비판한다. 칸트는 『윤리 형이상학』(1797년)에서, 피히테는 『자연법의 기초』(1796-97년)에서, 그 둘 다 자연법론을 도덕론에서 분리하여 따로따로 논의하고 있지만, 이것은 '합법성'과 '도덕성'의 이분법에서 유래한다.

'합법성'이란 칸트 등에 따르면 행위의 동기가 무엇인지를 묻지 않고서 행위가 초래하는 외면적 결과만이 보편적 법칙과 일치해 있는 상태를 의미한다. 요컨대 칸트와 피히테의 자연법론은 개인이 이기적 동기에 따라 자기 좋아하는 대로 자유롭게 행위하는 자라고 처음부터 전제한다. 그리하여 보편적 법칙과 일치하도록 개인의 자유를 상호적으로 제한할 필요가 생겨나지만, 자유의 상호 제한을 실효적으로 보증하기 위해 강제력을 설립하는 사회 계약이 요구된다. 헤겔은 루소를 따라 칸트 등의 자연법론이 일반 의지에 대립하는 특수 의지로부터 출발하고 있다는 점을 비판한다.

다른 한편으로 '도덕성'이란 칸트 등에 따르면 행위의 결과만이 아니라 행위를 이루는 내면적 동기도 보편적 법칙과 일치해 있는 상태를 의미한다. 헤겔은 프랑크푸르트 시기에서와 마찬가지로 칸트가 말하는 도덕성이 감성을 지배하고 제한하는 엄격주의일 뿐만 아니라 의무의 내용이 무엇인지를 묻지 않는 형식주의에 빠져 있다는 점을 비판한다.

이리하여 헤겔은 근대 자연법이 "윤리적인 것이 합법성과 도덕성으로 분리된 상태"에 빠져 있다고 지적하고, 아리스토텔레스를 따라 양자의 완전한 절대적 동일성을 구성하는 자신의 입장을 "절대적 윤리"라고 명명한다.

우선 아리스토텔레스는 '윤리적 덕'은 일상의 실천에 의해 형성되는 관습의 소산이라고 생각했다(『니코마코스 윤리학』). 마찬가지로 헤겔도 '윤리'(Sittlichkeit)를 그 어원을 이루는 '습속'(Sitte)의 의미에서 이해하고, 공동체의 습속·관습에 적합한 상태로 정의하여 칸트의 '도덕성'(Moralität)으로부터 명확히 구별한다. 헤겔의 Sittlichkeit는 종래 '인륜'이라고 번역되어 왔지만, '인륜'은 본래 한문어로 오륜오상의 유교 도덕을 의미하기 때문에 혼동을 피하기 위해 여기서는 '윤리'라고 옮기는 것으로 한다.

다음으로 아리스토텔레스는 인간은 태어나면서부터 폴리스에서 공동생활을 보내도록 만들어져 있다고 생각하고, "인간은 자연본성으로부터 폴리스적 동물이다"라고 정의했다(『정치학』). 마찬가지로 헤겔도 '인민'(Volk)에의 귀속이야말로 절대적으로 윤리적인 것이라고 생각하고, "인민은 자연본성으로부터 개인에 선행한다"라는 공동체주의자의 입장을 선언한다.

더 나아가 아리스토텔레스는 개인 윤리는 폴리스의 입법에 의한 관습부여에 크게 좌우되기 때문에, 개인 윤리를 다루는 윤리학은 폴리스의 학인 정치학에서 비로소 완성된다고 생각했다. 마찬가지로 헤겔도 자연법은 "윤리적인 자연본성이 어떻게 참된 법을 획득하는지를 구성하기" 때문에 개인 윤리에 관한 도덕론을 포섭해야 한다고 생각한다. 그리하여 절대적 윤리는 인민의 순수한 정신인 한에서, 개인 속에 '에토스'나 '덕'의 형태로 반영되게 된다. 이러한 절대적 윤리의 서술은 젊은 헤겔이 받아들인 루소의 공화주의 사상을 계승하고 있으며, 그의 내셔널리즘 사상의 원형을 이룬다고 말할 수 있다.

다른 한편으로 헤겔은 인민이라는 긍정적인 것과의 절대적 동일성뿐만 아니라 대립이 존속하는 상태와 대립항의 상대적 동일성도 인정해야 한다고 생각하고, 후자를 '상대적 윤리'라고 부른다. 상대적 윤리란 첫째로, 개인적 욕구를 충족하기 위한 노동과 점유로 이루어지는 보편적 상호 의존의 체계, 요컨대 상품 교환의 시장 시스템을 의미한다. 둘째로, 그것은 소유의 권리를 형식적으로 평등하게 보증하는 권리 영역, 요컨대 로마법의 수용으로부터 유럽에서 발전한 법 시스템을 의미한다. 헤겔은 로마 공화정이 몰락한 후에 확대된 시장과 법 시스템을 "비유기적 자연"이라고 부르며, 그 권리를 피하기 어려운 "운명"으로서 승인하고, 이것과 화해해야 한다고 주장한다.

그리하여 헤겔은 직업 신분의 구별에 의해 절대적 윤리와 상대적 윤리의 권리를 동등하게 보증할 수 있다고 생각한다. 절대적 윤리의 담지자는 정치 참가와 병역에 종사하는 "자유인의 신분"에 할당되고, 상대적 윤리의 담지자는 영리 활동에 종사하는 "비자유인의 신분"에 할당된다. 전자에 대해서는 전투에 의한 죽음의 위험에 몸을 노출시키는 "용기"의 덕이 기대되는 데 반해, 후자에 대해서는 평화의 성과를 획득하고 향유하는 "부르주아 또는 사인의 윤리"가 기대된다.

따라서 자연법 논문에서 보이는 초기 헤겔의 국가 구상은 윤리적 공동체의 유지와 존재를 목적으로 하는 실천 활동과, 개인적 욕구의 충족을 목적으로 하는 생활 활동을 따로 분리하고, 전자는 자유인이 활동하는 공적 영역에, 후자는 비자유인이 노동하는 사적 영역에 각각 맡기는 것이다. 이 점에서 예나 초기의 헤겔은 20세기의 정치사상가 아렌트와 마찬가지로 아리스토텔레스에게서 보이는 고대 자연법의 기본 틀에 대단히 충실하다고 말할 수 있다.

근대 자연법에 대한 정위

그러나 1802년도 겨울 학기의 강의 초고 「윤리의 체계」로부터 1803년도의 체계 구상을 거쳐 1805년도의 체계 구상에 이르면, 자연법을 논의하는 헤겔의 기본자세에 커다란 변화가 나타난다. 특히 1805년도 체계 구상에서는 상호 인정 개념에 의해 시장과 법 시스템의 성립을 설명하는 한편, 루소의 고대 공화정 모델을 비판하고 입헌 군주정을 정당화하고자 하는 시도가 발견된다(아카데미 판 전집 제8권).

우선 헤겔은 근대 자연법과 마찬가지로 자연 상태에 놓인 개인이 언어·노동·사랑을 통해 자기 형성하는 과정을 설명한다. 개인은 언어에 의해 명칭을 부여하며, 노동에 의해 자연에 가공을 가하고 "자기를 사물로 하여" "대상으로 한다." 나아가 이성(異性)을 사랑하고 "자신이 타자 속에 있다고 아는" 것으로부터 가족이 성립한다. 하지만 각 사람이 점유 취득하는 권리는 타자를 배제하는 의미를 지니기 때문에, 재산의 획득을 둘러싼 자연 상태가 생겨난다. 그리하여 헤겔은 자기와 타자가 상호적으로 서로 인정하는 운동을 통해 홉스적인 자연 상태로부터 벗어날 수 있다고 논의한다. 요컨대 양자가 상호의 자립성을 서로 인정하고 배제하는 자와 배제되는 자의 비대칭적 관계를 지양할 때, 자기와 타자의 상호 인정이 성립하는 것이다. 2년 후에 출간된 『정신현상학』의 자기의식 장에서는 상호 인정의 운동이 자기 자신으로부터 타자로 되고 타자로부터 자기 자신으로 귀환하는 "자기의식의 이중화에서의 통일"이라는 논리로 고쳐 논의된다. 여기서 헤겔은 피히테가 자연법론에서 처음으로 논의한 인정 개념을 받아들여 이것을 (로크와 같은) 신학적 근거짓기에 의하지 않는 자연법의 원리로 높이고자 하고 있다.

상호 인정에 의해 "인정된 존재"를 표현하는 것이 첫째로, 노동에 의해 생산되는 상품을 교환하여 각 사람의 구체적인 욕구를 채우는 시장 시스템이며, 둘째로, 계약에 의한 물건의 상호 급부를 의무지우는 법 시스템이다. 하지만 계약에서 표명된 공통 의지에 반해 당사자가 특수 의지에 따라 자기의 급부를 이행하지 않을 때, 다른 당사자에 의해 강제력이 행사되게 되면 쌍방 사이에 분쟁이 생겨난다. 그리하여 "권력을 지니는 법률"에 의한 처벌과 분쟁 해결이 요구된다. 더 나아가 생산 노동이 무한히 세분화하고 구체적 의미를 잃음에 따라 노동이 열악화되고 기계화가 진행될 뿐만 아니라 "거대한 부와 거대한 빈곤의 대립"이 나타나서 시장 시스템의 기능 부전이 분명해진다. 이때 개인의 생존을 보장하고 "인정된 존재"를 회복하기 위해 이를테면 기계장치의 신으로서 국가 권력에 의한 위로부터의 통제가 요구된다. 헤겔은 1803년도 겨울 학기까지 애덤 스미스의 『국민들의 부』(1776년)를 읽고서 영국 자본주의의 현 상황과 경제 자유주의의 논리를 알고 있었지만, 여기서는 그것을 노동의 분업에 따르는 공장 노동의 질적 전환을 분석하기 위해 사용하고 있다.

다음으로 헤겔은 루소의 고대 공화정 모델을 비판하고, 입헌 군주정이야말로 분열에 의해 매개된 개인들의 통일을 실현하는 것에 상응한다고 생각한다. 루소의 사회 계약설은 일반 의지를 미리 전제하지 않으면 국가 공동체를 구성할 수 없다. 그리하여 그것에서는 고대 아테네와 같이 국가의 창립자 테세우스를 요청하든가 아니면 프랑스 혁명과 같이 일부의 혁명가들이 권력을 찬탈하는 '참주정'의 출현이 불가피했다. 헤겔은 습속 · 관습에 적합한 고대의 윤리를 "그리스인의 아름다운 행복한 자유"라고 칭하는 것이 아니라 오히려 개인이 공동체로부터 독립하는 분열이야말로 근대에 필연적인 원리라고 생각한다. 그리고 세습 군주라는 중심점으로의 권력 집중을 "고대인과 플라톤이 알지 못했던 근대의 고차적인 원리"라고 부르면서 이것을 평가한다. 몽테스키외를 따르는 제한 군주정에 대한 높은 평가는 「독일의 헌법」에서 보인 통찰이었지만, 여기서는 플라톤 비판과 결합하여 헤겔의 국가 구상의 내용을 결정하기까지 하고 있다.

따라서 1805년도의 체계 구상에서는 절대적 윤리와 상대적 윤리라는 당초의 고대적 이분법 대신에 국가와 시민사회라는 근대적 이분법이 나타나고 있다고 말할 수 있다. 여기서는 고대 자연법의 사고 틀로부터 벗어나 근대 자연법사상에 정위하고자 하는 헤겔의 새로운 입장을 간취할 수 있다. 하지만 근대 자연법으로의 전환을 참으로 성취하기 위해서는 상호 인정 개념을 대신하는 새로운 원리를 발견하고 추상법과 도덕성을 내재적으로 근거지을 필요가 있었다. 헤겔이 제국 붕괴 후의 독일에서 경험하는 정치적 변혁이야말로 자유 의지라는 새로운 원리를 발견할 수 있게끔 하는 것이다.

제3장 새로운 질서의 독일과 『법철학 요강』

예나로부터 베를린으로

『정신현상학』 집필을 끝낸 36세의 헤겔은 1807년 3월에 예나로부터 밤베르크로 옮기며, 1년 반 동안 『밤베르크 신문』의 편집에 종사한다. 그 후 1808년 11월부터 8년간 남독일(바이에른 왕국)의 뉘른베르크에서 김나지움 교장을 맡으며, 1812년과 1813년, 1816년에 『논리의 학』 2권을 출간한다.

그리고 1816년 10월에는 서남독일(바덴 대공국)에 있는 하이델베르크 대학에 초빙되어 46세에 대학의 교수직에 취임한다. 다음 해인 1817년 여름에는 『철학적 학문들의 엔치클로페디 강요』(이하 『엔치클로페디』라고 부른다)를 출간하고, 『정신현상학』을 도입부로 하여 논리학·자연철학·정신철학의 세 부문으로 이루어지는 학문 체계의 전체상을 그려낸다.

더 나아가 1818년 10월에는 프로이센 문교부 장관으로부터 1810년에 설립된 베를린 대학에 초빙되어 프로이센 왕국의 수도로 이주한다. 그 2년 후인 1820년 10월에는 정신철학의 한 부문으로서 『법철학 요강』을 출간한다.

예나로부터 베를린에 이르는 이러한 인생행로의 도상에서 헤겔은 『정신현상학』으로 시작되는 학문의 체계를 완성시키고자 끊임없이 노력을 아끼지 않았다. 다른 한편으로 옛 제국이 붕괴한 독일은 1807년 이후 프랑스의 점령 하에서 남독일의 라인 동맹국들을 중심으로 근대화 개혁을 추진하고, 1813년의 프랑스에 대한 여러 국민들의 전쟁은 독일 내셔널리즘 운동을 산출하는 등, 역사적 전환기를 맞이하고 있었다. 이러한 새로운 질서의 독일의 움직임들에 대해 헤겔은 다양한 기회에 자신의 정치적 견해를 표명하고 있다. 그리고 체계 형식을 창조하는 지적 활동과 시대의 현실에 관계하는 실천적 의욕이라는 두 가지 동기로부터 집필된 것이 베를린 시대의 주저 『법철학 요강』이었다. 이런 의미에서 『법철학 요강』은 『엔치클로페디』로 시작되는 고차적인 사유 활동의 소산일 뿐만 아니라 헤겔 자신의 시대 체험을 응축된 형태로 모아놓은 저작이기도 하다.

이 장에서는 우선 헤겔이 1807년부터 1820년에 이르는 전환기의 독일을 어떻게 경험했는지를 되돌아보고자 한다. 그런 다음 새로운 질서의 독일의 시대 체험이 『법철학 요강』에 어떻게 받아들여지고 또 어떻게 사상화되고 있는지를 추상법-도덕성-윤리 그리고 가족-시민사회-국가라는 체계 형식에 입각하여 살펴보고자 한다.

1. 근대화 개혁과 내셔널리즘의 탄생

나폴레옹 점령기와 라인 동맹 개혁

헤겔은 1806년 9월 18일, 예나 대학 최후의 강의에서 "우리는 정신이 비약하고 종래의 형태를 벗어나 새로운 형태를 얻은 중요한 시기, 비등하는 한가운데에 있다"고 현 상황을 진단하고, "철학은 특히 정신의 새로운 출현을 축하하고 승인해야만 한다"고 변혁을 긍정하고 있다. 『정신현상학』 서문에서도 현대를 "탄생의 시대", "새로운 시기로의 이행의 시대"라고 부르면서 종래의 세계의 "점진적인 와해 작용이 중단되고 마치 번개와도 같이 한순간에 새로운 세계의 형상이 출현한다"라고 현 상황을 분석한다. 이로부터 알 수 있듯이 헤겔은 제국 붕괴에 이어지는 나폴레옹군의 침공에 의해 새로운 질서의 독일이 형성되는 것을 환영하는 입장에 서 있다.

그리고 제국 붕괴로부터 두 달 후, 헤겔은 이전에 찾아 헤맸던 건국자 테세우스를 나폴레옹에서 발견하고 제국 애국주의자로부터 보나파르트 지지자로 바뀌어 간다. 1806년 10월 13일, 프로이센군이 프랑스군과 싸우는 예나 전투의 전야에 헤겔은 『정신현상학』의 본문을 완성했지만, 같은 날 가까이에서 목격한 나폴레옹에 대한 감탄의 염을 서간에 쓰고 있다. "나는 황제, 이 세계정신이 정찰을 위해 말을 타고서 시내를 통과해 가는 것을 보았습니다. 한 점에 정신을 집중하고 말 위에서 세계를 건네 보며 세계를 지배하는 개인을 보는 것은 실제로 아주 멋진 기분입니다."(서간집 제1권, 120쪽)

다음 해 1807년 3월부터 『밤베르크 신문』의 편집자가 된 헤겔은 나폴레옹을 지지하는 태도를 숨기고자 하지 않았다. 그의 논설에서는 같은 해 7월에 프로이센군이 최종적으로 패배하고 틸지트에서 화약을 맺는 경과를 냉정하게 평가하고, 나폴레옹에 의해 창출되는 독일의 새로운 질서, 특히 베스트팔렌 왕국의 헌법과 입법을 독자들에게 소개하고 있다. 베스트팔렌 왕국은 나폴레옹의 막내 동생이 지배하는 나폴레옹의 위성국이다.

같은 해 8월의 서간에서 헤겔은 나폴레옹을 보호자로 하는 남독일 국가들, 즉 라인 동맹을 논한 공법학자들의 논의에 대해 언급하고 있다. "독일의 국법학자들은 주권 개념과 동맹 규약의 의미에 대해 수많은 저작들을 계속해서 쓰고 있습니다. 위대한 국법학자는 파리에 있습니다."(185쪽) 같은 해 11월의 서간에서는 프랑스로부터 봉건제 질서의 폐기뿐만 아니라 정치적 자유도 도입해야 한다고 주장한다. "프랑스인을 모방할 때 우리는 절반만을 받아들이고 다른 절반을 생략했습니다만, 이 나머지 절반이야말로 인민의 자유라는 가장 고귀한 것, 요컨대 인민이 선거와 결정에 참가하고 적어도 정부 조치의 근거를 인민이 이해할 수 있도록 설명하는 것을 포함하고 있습니다."(197쪽) 다음 해 1808년 2월에는 근대법의 모범이 되는 나폴레옹 법전(1804년)을 프랑스 헌법과 나란히 지지한다. "나폴레옹 법전의 중요성도 프랑스 헌법, 베스트팔렌 헌법의 다른 부분을 도입하는 것으로부터 바랄 수 있는 희망의 중요성과는 비교할 수 있는 것이 될 수 없습니다."(218쪽)

이러한 서간들로부터 읽어낼 수 있는 것은 혁명 프랑스에 대해 자기 나라를 개방하고 1789년의 이념으로부터 배운다고 하는 헤겔의 기본자세이며, 나폴레옹 법전을 비롯한 라인 동맹국들의 근대화 개혁을 지지하는 그의 기본적 입장이다. 이러한 헤겔의 태도는 전후 일본에서도 제2차 대전 후에 미군 점령 하에서 추진된 민주화와 비군사화의 개혁이 전전 체제와 결별하기를 원하는 사람들에 의해 강한 지지를 받은 것을 상기하면 이해될 수 있을 것이다.

1808년 11월부터 헤겔은 뉘른베르크에서 김나지움의 교장이 되었다. 이 옛 제국 도시가 편입된 바이에른 왕국에서는 몽젤라(Maximilian von Montgelas, 1759-1838) 대신에 의해 행정의 재조직화를 비롯한 근대화 개혁이 실행에 옮겨지고 있었다. 앞의 세 개의 서간의 수취인인 니트함머(Friedrich Immanuel Niethammer, 1766-1848)도 1807년 2월에 뮌헨으로 옮겨 중앙 장학관으로서 신인문주의 이념에 기초한 새로운 교육 제도, 즉 초등학교-김나지움-대학이라는 3단계의 학교 제도를 계획하고 있었다. 그리하여 그는 튀빙겐의 동창생인 헤겔과 파울루스를 불러 모으고 바이에른 교육 개혁에 대한 협력을 구했던 것이다.

몽젤라 시대의 바이에른은 "라인 동맹 개혁의 고전적 모델"로 평가되지만, 교육 개혁 외에도 다음과 같은 위로부터의 개혁들을 추진했다. 첫째로, 영주·교회·자치체 등의 중간 권력을 배제하고, 중앙 집권적 행정을 조직하는 행정의 집권화, 둘째로, 국민 대표를 규정한 헌법의 공포(1808년), 셋째로, 평등 원리에 기초하는 기본권의 보장——즉 법 아래서의 평등, 과세의 평등, 관직의 개방, 농노제의 폐지와 인격·소유의 자유, 양심·출판의 자유, 넷째로, 나폴레옹 법전의 도입——특히 대토지 소유를 해소하는 분할 상속의 도입, 토지 지배에 결부된 분할 소유권의 폐지이다. 이러한 개혁들의 결과로 봉건 귀족은 영주 재판권, 과세 특권, 관직의 독점을 상실하고, 토지 소유와 결합한 봉건적 특권은 '소유의 자유'의 요청에 따라 사법(私法) 상의 소유권으로 전환되었다. 이리하여 귀족의 특권을 보존한 프로이센과는 대조적으로 바이에른을 비롯한 라인 동맹국들에서는 옛 제국 국가 체제를 뒷받침한 신분제적 토대는 철폐되게 되었다.

1807년 이후의 개혁기에 라인 동맹의 공법학자들은, 헤겔이 지적하듯이, "주권 개념과 동맹 규약의 의미"를 활발하게 논의하고 있었다. 라인 동맹 규약은 제국 국가 체제에 제약되지 않는 완전한 주권을 개별 국가들에게 인정했다. 하지만 그것은 제국 직속의 지위를 빼앗기고 배신화(陪臣化)된 귀족에 대해 종래대로의 특권을 인정하고 있으며, 그리하여 배신 귀족의 특권이 결정적인 문제로 주권의 행사를 제약할 수도 있었다. 공법학자들 가운데 제국 애국주의자들은 배신 귀족의 권리를 존중할 것을 이야기하고, 개별 국가의 주권을 제한하는 연방 국가적인 헌법을 지향했다. 이에 반해 주권론자들은 귀족의 특권을 주권자에 의해 제한하고 철폐할 수 있다고 논의하고, 개별 국가의 주권을 보장하는 국가 연합적인 헌법을 주장했다 (슈크, 1994). 이러한 라인 동맹 공법학의 맥락에서 보게 되면, 1817년 이후의 헤겔은 바이에른의 개혁 체험을 통해 제국 해체에 대한 날카로운 현 상황 진단과 불완전한 처방전 사이의 이론적 모순을 자각하고 제국 애국주의자로부터 주권론자로 전환하고 있다는 것이 드러난다.

뷔르템베르크 헌법 분쟁과 법전 논쟁

1813년 10월에 프로이센을 중심으로 한 여러 국민들의 전쟁에서 나폴레옹군은 패퇴하고, 다음 해 3월에 최종적으로 몰락했다. 그 후 빈 회의에 의한 전후 처리를 거쳐 1815년 6월에는 라인 동맹 규약을 계승하는 개별 국가들의 연합체로서 독일 연방이 발족했다. 헤겔은 1814년 4월에 나폴레옹의 몰락을 "일어날 수 있는 가장 비극적인 일"이라고 부르며 탄식했다. 그리고 1816년 7월에는 "이전에 보았던 가장 어찌할 수 없는 보나파르트에 대한 반동"에도 불구하고 개혁의 성과는 이전으로 돌아갈 수 없다는 확신을 표명하고 있다. "나는 세계정신이 시대에 대해 전진의 명령을 내렸다는 것에 따릅니다. …… 가장 확실한 것은 전진하는 거인을 확고히 시야에서

놓치지 않는 것입니다,"(서간집 제2권, 85쪽 이하)

같은 해 10월에 하이델베르크 대학에서 교수직을 얻은 헤겔은 다음 해 1817년 초에 「뷔르템베르크 왕국 영방 의회 토론의 비평」이라는 정치 평론을 익명으로 공표하여 고향인 뷔르템베르크에서 새로운 헌법을 제정하고자 하는 국왕 프리드리히 2세와 이에 반대하는 수구파 의회 사이에서 일어난 독일 최초의 헌법 분쟁을 논의하고 있다. 헤겔에 따르면 독일에서 최근에 일어난 변화는 "제국 봉토들 사이의 관계로부터 주권을 지니는 나라들이라는 국가 사이의 관계로의 이행"이었다. 요컨대 개별 국가들에 대해 대외적 주권을 승인하는 한편, 대내적 주권을 행사하고 헌법을 새롭게 제정한다고 하는 이중의 의미의 "국가의 창립"이었다. 그러나 1815년 3월에 뷔르템베르크의 영방 의회는 국왕이 준 새로운 헌법을 옛 헌법의 부활이 아니라고 하는 이유로 거부했다. 헤겔은 오랜 "실정적 권리"를 고수하는 의회의 잘못을 "이성의 권리"라는 혁명의 표어를 끌어들여 "죽은 것은 다시 되살릴 수 없다"라고 비판한다. 뷔르템베르크 의회는 프랑스 망명 귀족과 마찬가지로 "아무것도 배우지 못했으며", 역으로 "최근의 25년간이라는 세계사가 지닌 가장 풍부한 세월, 즉 우리에게 있어 가장 교훈으로 가득 찬 세월……을 잠자며 보낸 듯하다."(아카데미 판 전집 15권, 61쪽 이하) 이리하여 헤겔은 역사적 경험으로부터 아무것도 배우려고 하지 않고 라인 동맹 개혁을 무로 돌리고자 하는 의회에 맞서 국왕에 의한 위로부터의 개혁에 내기를 건다. 요컨대 뷔르템베르크 신헌법의 지지자라는 헤겔의 입장은 라인 동맹 개혁의 속행이라는 동시대의 맥락으로부터 비로소 올바르게 이해될 수 있는 것이다.

나폴레옹이 몰락한 1814년에는 나폴레옹 법전의 폐지를 요구하는 법학자 레베르크(August Wilhelm Rehberg, 1757-1836)의 저작을 계기로 하여 티보(Anton Friedrich Justus Thibaut, 1772-1840)와 사비니(Friedrich Carl von Savigny, 1779-1816)라는 두 사람의 저명한 법학자들 사이에 법전 논쟁이 교환되었다. 하이델베르크 대학의 티보는 합리적 자연법론자로서 나폴레옹 법전의 폐지에 반대하고 독일에서의 통일적 민법전의 편찬을 주장했다. 이에 반해 베를린 대학의 사비니는 법이란 인위적 입법에 의하지 않고 자연성장적으로 발전해 간다고 하는 낭만주의적인 법 관념에 기초하여 나폴레옹 법전의 폐지에 찬동하고 프랑스의 선례에 따르는 성급한 입법 작업에 반대하여 '역사법학파'의 창시자가 되었다. 1817년 이후의 헤겔은 『법철학 요강』 등에서 양자의 법전 논쟁을 다루어 개인적으로 친했던 옛 동료 티보의 법전 편찬론을 지지하는 한편, 새로운 동료 사비니의 법전 반대론을 논박한다. 이러한 법전 논쟁에 대한 헤겔의 태도도 라인 동맹 개혁을 지지하는 기본적 입장으로부터 쉽게 이해될 수 있을 것이다.

대학생 학우회 운동과 칼스바트 결의

1818년 10월에 헤겔은 프로이센의 개혁파 장관 알텐슈타인(Karl Sigmund Franz Altenstein, 1770-1840)의 초빙을 받아 베를린 대학 교수에 취임했다. 베를린 대학은 패전으로 할레 대학을 상실한 프로이센이 내무부 국장 빌헬름 훔볼트(Karl Wilhelm von Humboldt, 1767-1835)의 신인문주의적인 교양 이념에 따라 물질적 손해로부터 정신적으로 회복하기 위해 1810년 9월에 설립된 대학이다. 후에 '훔볼트 대학'이라고 불리는 이 대학의 설립은 전후 일본을 포함하여 전 세계 대학의 모델이 되는 세계 유수의 대학의 탄생이다.

헤겔의 베를린 이주를 전후하여 독일에서는 해방 전쟁에 지원병으로서 종군한 학생들이 자유와 통일을 지향하는 자발적 결사인 '대학생 학우회'(Burschenschaft)를 결성하고, 독일 최초의 내셔널리즘 운동이 고양되고 있었다. 헤겔의 전임자 피히테는 이미 프랑스 점령 하의 베를린에서 『독일 국민에게 고함』(1807-08년)을 강연하고, 독일 국민의 자기주장을 호소하여 후기 낭만파로서 최초의 내셔널리즘 사상을 설파하고 있었다. 그보다 10년 후인 1817년 10월, 루터가 성서를 번역한 발트부르크 성에서 대(對)프랑스 전승 4주년을 기념하여 열린 축제에서는 전국의 대학생 학우회들이 모여 예나 대학의 철학자 프리스(Jakob Friedrich Fries, 1773-1843)가 애국적 연설을 행하고, 나폴레옹 법전을 비롯하여 비독일적이라고 여겨진 책들이 불태워졌다. 그리고 다음 해인 1818년 10월에는 예나에서 전 독일 대학생 학우회가 결성되어 전후파 학생들의 내셔널리즘 운동이 크게 왕성해졌다.

그러나 1819년 3월 23일에 예나 대학의 급진파 학생 잔트가 러시아의 스파이로 의심받은 작가 코체부(August Friedrich Ferdinand von Kotzebue, 1761-1819)를 암살하는 사건이 일어나자마자 오스트리아의 외상 메테르니히는 프로이센 정부와 협의하여 대학생 학우회 운동의 탄압에 나서기 시작했다. 같은 해 8월에 칼스바트의 주요국 대신 회의에서 이루어진 결의가 9월 20일에는 연방 의회에서 가결되어 독일 전역은 복고의 시대로 들어간다. 9월의 '칼스바트 결의'에 의해 학생들의 결사가 금지되고 대학 교수들이 감시 하에 놓이게 된 것 이외에 (대학법) 책에는 엄격한 검열이 부과되고 (출판법) '데마고그'를 단속하는 중앙수사위원회가 설치되었다.

칼스바트 결의에 선행하여 같은 해 7월 초에는 "데마고그 사냥"이 대학에서 시작되며, 헤겔의 제자들도 체포된다든지 공직 추방에 처해진다든지 했다. 이에 대해 헤겔은 제자들을 위해 보석의 탄원서를 쓰고 보석금을 지불하며 새로운 일자리를 주선하는 등, 추방된 제자들을 도왔다(동트, 1968). 다른 한편으로 9월 30일에는 잔트의 행위를 서간에서 옹호한 동료 신학자 데 베테(Wilhelm Martin Leberecht De Wette, 1780-1849)가 프로이센 정부에 의해 해고되었다. 11월 13일에 해고를 지지하는 헤겔은 이것을 '비열'이라고 부른 동료 신학자 슐라이어마허(Friedrich Ernst Daniel Schleiermacher, 1768-1834)와 격렬하게 언쟁을 벌였다.

이렇게 언론·출판의 자유를 엄격하게 제약받는 정세 하에서 헤겔은 『법철학 요강』을 간행하는 준비를 진행했다. 이미 1819년 3월 26일에 헤겔은 자연법에 관한 저작의 출판을 예고하고 있었지만, 10월 30일의 서간에 따르면 칼스바트 결의를 알고서 예정되어 있던 『법철학 요강』의 인쇄를 연기하려고 결심했다. "연방 의회의 결의가 나왔을 때, 나는 마침 인쇄를 시작하려고 하고 있었습니다. 지금 우리는 검열로부터의 자유에 대해 어떠한 상황에 있는지를 알고 있기 때문에, 나는 금후 가까운 시일 내에 인쇄하려고 합니다."(서간집 제2권, 220쪽) 칼스바트 결의로부터 9개월 후, 다음 해인 1820년 6월 9일이 되어서야 비로소 원고 전체의 절반이 검열에 보내진 후, 6월 25일에는 서문이 집필되고, 남은 절반의 원고가 완성된 다음, 같은 해 10월에 『법철학 요강 또는 자연법과 국가학 강요』가 출간되었다.

『법철학 요강』의 서문은 애국적 철학자 프리스의 연설에 대한 비판을 포함하기 때문에, "칼스바트의 경찰 제도와 데마고그 사냥의 정당화"(하임)로 비판된다든지 "법철학 전체에 있어서의 피뢰침"(동트)으로 변호된다든지 하는 식으로 논의의 과녁이 되어 왔다. 근간에는 법철학 강의록을 편집한 일팅이 1819년 가을에 헤겔은 칼스바트 결의에 직면하여 정치적 입장을 전환하고 원고를 개정했다고 하는 학설을 주장하여 연구자들 사이에서 논쟁이 교환되었다(곤자(權左), 2010, 제6장). 최근에도 1819년도 강의록이 새롭게 출간된 결과, 1820년의 저작에서는 검열을 고려하여 숨겨져 있던 헤겔의 견해가 직전의 강의에서는 명확하게 표명되어 있는 사례들, 예를 들어 나폴레옹 법전을 지지하는 그의 태도가 분명해졌다(곤자, 제4장).

이러한 시대 배경을 염두에 둔 데 기초하여 우리는 우선『법철학 요강』의 본론에서 전개된 체계적 논의를 더듬어 보고, 그 후에 논쟁적 성격을 지니는 서문으로 되돌아오고자 한다.

2. 학문의 체계의 개략과 추상법-도덕성-윤리

논리학-자연철학-정신철학

먼저 헤겔의 학문 체계를 개관한 다음, 『법철학 요강』이 체계 속에서 어떻게 자리매김 되어 있는지를 살펴보는 것으로 하자.

헤겔은 1817년 여름에 『철학적 학문들의 엔치클로페디 강요』를 출간하여 학문 체계의 개략을 비로소 제시했다. '엔치클로페디'라는 표제와 그 구성은 헤겔이 1808년 이래로 뉘른베르크의 김나지움에서 철학 교수로서 강의한 '철학적 엔치클로페디'에서 유래한다. 바이에른의 중앙 장학관 니트함머가 바이에른 교육 개혁을 위해 작성한 「왕국에서의 공교육 시설 설치의 일반 규범」(1808년 11월)에 따르면, 바이에른 왕국 김나지움의 상급 클래스(18세)에서는 '철학적 엔치클로페디'를 강의하도록 정해져 있었다(고즈마(上妻), 1988). 헤겔은 김나지움에서의 교육 활동의 성과를 받아들여 대학 강의에 사용하는 '강요'를 단기간에 작성했던 것이다.

'엔치클로페디'(Enzyklopädie)란 원래는 그리스어로 자유인이 전문 교육에 앞서 몸에 익혀야 할 '일반교양'을 의미하며, 당시에는 학문들의 전체를 개관하는 '백과전서'라는 의미로 사용되고 있었다. 헤겔은 '철학적 엔치클로페디' 강의에서 철학에 의한 일반교양의 근거짓기를 의도하고 있었다고 말할 수 있다. 그러면 후에 두 번 크게 개정되기 이전의 『엔치클로페디』 초판에서 그려진 학문 체계의 개략을 살펴보자.

헤겔에 따르면 진리는 총체성의 형태를 취하여 존재하기 때문에 "철학은 필연적으로 체계다." 요컨대 철학은 모든 학문을 포괄하는 엔치클로페디의 형태를 취한다는 것이다. 더욱이 철학적 엔치클로페디는 통상적인 백과전서와 같이 잡다한 학문들을 모아놓은 것이 아니라 각 부분이 "동일한 전체의 분지들", 즉 전체의 불가결한 요소들, 전체의 계기들을 이루고 있으며,

통일적인 이념에 따라 서술된다. 학문의 전체는 "타자존재에서 자기 자신에게 동일한 이성"의 이념을 서술하며, 이성의 이념은 타자에게서 자기에게로 귀환하는 정신의 개념을 근거로 한다. 그리하여 학문의 체계는 이성의 이념에 기초하며, 세 개의 부문으로 구분된다. 요컨대 "순수한 이념"의 학문으로서의 논리학, "타자존재에서의 이념"의 학문으로서의 자연철학, "타자존재로부터 자기에게로 귀환한 이념"의 학문으로서의 정신철학이 그것들이다(아카데미 판 전집 13권, 6-11절). 그러면 이제 그것들을 순서대로 살펴보자.

제1부의 논리학은 그 형식에서 보면 다음과 같은 세 가지 측면을 진리의 계기로서 지닌다. 첫 번째의 "지성적·추상적 측면"은 우리가 지성을 작동시켜 구별하는 다양한 규정들을 취급한다. 예를 들면 존재와 무, 동일과 구별 등의 규정이다. 두 번째의 "변증법적 측면"은 지성에 기초하는 규정이 "자기 자신을 지양하고 대립하는 규정으로 이행한다"고 하는 변증법의 부정적 측면을 취급한다. 예를 들어 동일과 구별의 규정을 사유하면, 각 규정이 자기 자신을 부정하고 동일로부터 구별로, 구별로부터 동일로, 즉 대립물로 이행한다는 것을 깨닫게 된다. 세 번째의 "사변적 측면"은 "서로 대립하는 두 규정의 통일"을 변증법의 긍정적 성과라는 형태로 파악한다(13-16절). 예를 들어 동일과 구별과 같이 서로 대립하는 규정도 자기의 일면성을 자각하고 상호적으로 서로 보완하게 되면 전체의 불가결한 요소, 전체의 계기로 통일된다.

여기서는 이율배반을 해결하는 헤겔의 변증법이 서로 대립하는 두 규정의 자기 부정과 긍정적 통일이라는, 부정과 긍정의 양 측면을 지닌다는 것이 명확히 언표되고 있다. 여기서 '지양한다'(aufheben)는 것은 '부정한다', '해소한다'라는 부정적 의미로 사용되고 있지만, 독일어에서는 '보존한다', '고양시킨다'라는 긍정적 의미에서도 사용되며, 이것이 변증법의 두 가지 측면에 대응한다는 점에서 '지양' 또는 '양기'라고 번역되어 왔다.

다른 한편으로 논리학은 그 내용에서 보면, 모든 사물의 근거를 이루는 사유의 규정, 즉 개념을 고찰하는 '사변철학'을 의미한다. 사변철학으로서의 논리학은 전통적인 형이상학을 대신하는 위치를 차지함과 동시에, 칸트에 의한 형이상학 비판을 계승하여 극복하는 것이다. 칸트는 지성 개념들, 즉 범주들의 근거로서 자기의식의 통일의 원리를 발견했지만, 범주들은 우리가 감각적으로 경험하는 현상에만 적용되어야 하며, 감각적 경험을 넘어선 사물 자체에 적용되게 되면, 이성은 자기모순, 즉 이율배반에 빠진다고 생각했다. 헤겔은 모순이 필연적이라고 하는 칸트의 사상을 "현대 철학의 가장 중요하고 가장 심오한 진보의 하나"라고 부르며 그 공적을 칭찬한다. 하지만 거기서 모순은 사물 자체에 있는 것이 아니라 개념 그 자체에 내재하기 때문에, 요컨대 우리의 사유 활동의 소산이기 때문에, 헤겔은 현상과 사물 자체, 이론과 실천을 분리하는 칸트 철학의 전제를 내던질 것을 요구한다. 학문의 입장은 "순수하게 사유하고자 하는 결단"을 전제하는 것만으로 충분하며, 칸트와 같이 인식 능력에 대한 비판을 필요로 하지 않을 뿐만 아니라 『정신현상학』마저도 절대적 시원인 것은 아니다 (17-36절).

거기서 논리학은 존재와 무와 같은 직접적 사상을 다루는 '존재에 관한 학설', 동일과 구별과 같은 반성적 사상을 다루는 '본질에 관한 학설', 판단과 추리와 같은 자기 귀환한 사상을 다루는 '개념에 관한 학설'의 세 부문으로 한층 더 구분된다. 뉘른베르크 시대에 출간된 『논리의 학』이 '대논리학'이라고 불리는 데 반해, 『엔치클로페디』의 제1부는 '소논리학'이라고 불리고 있다.

제2부의 자연철학은 자연이라는 "타자존재의 형식을 취하는 이념"을 대상으로 한다. 헤겔은 자연을 어떤 단계로부터 다른 단계가 필연적으로 생겨나는 여러 단계의 체계로 보고, "단계적 발전을 밟아가는 이념의 운동"이라고 명명한다. 하지만 셸링 등의 자연철학자들에 의한 자연 현상의 신격화를 물리치고, "단계적 발전을 이끄는 변증법적 개념은 정신 속에서만 생겨나는 내적인 것이다"라고 주장한다. 요컨대 자연법칙을 고찰하는

개념은 어디까지나 정신의 소산이지만, 고찰되는 자연 현상은 정신과 다른 대상이라는 것이다. 따라서 여기서는 개념과 대상이 일치하지 않으며, 자연은 이념의 대립물, 즉 "이념의 타자존재"에 머문다. 그리하여 자연철학은 공간과 시간을 다루는 '수학', 물질의 성질과 상태와 같은 비유기적 자연을 다루는 '물리학', 동식물과 같은 유기체를 다루는 '생리학'의 세 부문으로 좀 더 구분되며, 생명이라는 최고의 단계를 거쳐 정신에로 이행한다(193-197절).

제3부의 정신철학은 자연으로부터 귀환한 정신의 이념을 대상으로 한다. 자연에서는 개념이 "외적 객체성"이라는 대립물의 형태를 취하고 있었던 데 반해, 정신에서는 객체화된 개념의 존재방식이 지양되고 개념이 "자기 동일적"으로 되는바, 요컨대 고찰하는 개념과 고찰되는 대상이 일치한다. 헤겔에 따르면 정신의 본성은 그리스도교의 세계 창조자와 마찬가지로 자기 자신을 객체화하고 "세계를 자기의 존재로서 창조하는 것"이며, 정신의 활동 단계들은 우선 세계를 발견하고, 다음으로 세계를 산출하며, 마지막으로 그로부터 해방되는 과정으로서 파악된다. 그리하여 정신철학은 인간학·현상학·심리학과 같은 개념의 시원을 다루는 '주관 정신', 법·도덕·윤리에서의 개념의 실현을 다루는 '객관 정신', 예술·종교·철학에서의 개념과 객체의 통일을 다루는 '절대 정신'의 세 부분으로 좀 더 구분된다(300-306절).

헤겔은 이 정신철학에서 그리스도교를 증거로 제시하며 정신 개념에 의한 절대자의 정의를 행하고 있다. "절대자는 정신이다. 이것은 절대자의 최고의 정의다." 이 정의를 발견하고 그 내용을 파악하는 것이 모든 문화와 철학이 지향해야 할 목표이며, 이로부터 비로소 세계사도 파악될 수 있다. 더욱이 "정신의 본질은 개념이다." "신을 정신으로서 계시하는" 그리스도교의 내용을 "개념에서 파악하는" 것이 철학의 과제이다(303절). 여기서는 『정신현상학』 서문과 더불어 헤겔의 절대자 개념이 가장 명쾌하게 표명되고 있다는 점에 주목하고 싶다.

이상이 헤겔의 학문 체계의 개략이며, 거기서는 철학이야말로 모든 학문을 통일적으로 근거짓는 일반교양의 중심을 이룬다고 하는 훔볼트 대학의 이념이 선명하게 간취될 수 있을 것이다.

자유 의지의 개념──『법철학 요강』 서론

헤겔은 세 부문으로 이루어지는 체계의 개략을 명확히 한 후, 1817년도 겨울 학기부터 정신철학 가운데서 객관 정신에 해당되는 '자연법과 국가학'을 강의하기 시작한다. 그리고 1817년도 겨울 학기부터 1819년도 겨울 학기에 걸쳐 3회의 강의를 거친 후, 1820년 10월에 강의에서 사용되는 '강요'로서『법철학 요강』을 출간한다.

『법철학 요강』은 서문과 서론을 서두에 두고, 소유·계약·불법을 다루는 '추상법', 행복·선·양심을 다루는 '도덕성', 가족·시민사회·국가를 다루는 '윤리'의 세 부분으로 이루어진다. 후세 사람들의 관심은 이 가운데 시대를 선취하는 내용으로 가득 찬 시민사회론과 국가론, 그리고 논쟁조로 너무나도 유명하게 된 서문으로 향해 왔다. 하지만 이들 후반 부분들을 이해하는 데서도 전반 부분의 서론, 소유론, 양심론을 이해하는 작업은 필요 불가결하다. 따라서 지금까지 난해한 까닭에 논의되는 일이 거의 없었던 서론으로부터 추상법과 도덕성을 거쳐 윤리에 이르는 체계적 논의를 먼저 살펴보기로 하자.

서론에서는 지금까지 자연법이라고 불려온 철학적 법학이 자유 의지 개념에서 출발한다고 설명된다. 헤겔은 '자연법'이라는 전통적 명칭을 부적당하다고 물리치고, '철학적 법학'이라는 새로운 명칭을 도입한다. 헤겔에 따르면 자연법이라는 표현에는 '개념'이라는 사태의 본성이 규정하는 법뿐만 아니라 "직접적 자연"이라는 욕구와 충동이 규정하는 법을 지칭하는 두 가지 의미가 있다. 그리하여 홉스 이래로 자연법에서는 후자 의미의 자연법이 맞아 떨어지는 자연 상태가 생각되어 왔다. 그러나 전자 의미의 자연법은 직접적 자연에 의한 결정이 아니라 자유로운 인격의 자기 결정에 기초하기 때문에, '철학적 법'이라고 부르는 쪽이 어울린다(아카데미 판 전집 제13권, 415절. 1815년도 강의, 2절).

헤겔은 "법학은 철학의 일부이다"라고 선언하고, 철학의 한 부문을 이루는 법학은 취급하는 대상을 "개념으로부터 발전시켜야 한다"고 주장한다(주어캄프 판 전집 제7권, 2절). 그리하여 "법(Recht)의 개념"을 취급하는 철학적 법학은 '법률'(Gesetz), 즉 실정법을 다루는 실정법학으로부터도 그리고 역사적 근거에 의해 기존의 제도(수도원 등)를 정당화하는 역사법학으로부터도, 더 나아가서는 이성에 반하는 노예제와 가족법을 근거짓는 로마 법학으로부터도 구별된다(3절 주해). 철학적 법학이 출발해야 할 법의 개념은 바로 "자유로운 의지"이다(4절).

헤겔은 우선 피히테의 자아 개념을 끌어들여 의지의 개념을 자아의 자기 자신과의 동일성과 구별이 통일된 것으로 정의한다(5-7절). 그리고 자유로운 의지를 "활동과 수단을 매개로 하여 주관적 목적을 객체로 이입하는 과정", 즉 외면 세계 속에 주관적 목적을 실현하는 목적 합리적 활동으로서 이해한다(8-9절). 그러나 자신의 목적을 실현하기 위해 행위하는 것만으로는 의지는 "즉자적으로, 즉 우리에게 있어" 자유인 데 지나지 않는다. 그리하여 의지는 자기 자신을 대상으로서 사고하여 자기의 본질을 알 때, 요컨대 자신이 보편적 존재자라고 자각할 때, 즉자적으로만이 아니라 "대자적으로도" 자유로운 의지, 즉 참으로 자유로운 의지가 된다(10절, 21절). 예를 들면 어린이와 노예는 자기 자신을 사고하지 못하고 자기의 본질을 알지 못하기 때문에, 부모와 주인의 의지에 따라서 활동할 뿐 아직 자유가 아니다. 참으로 자유로운 의지에 의해 활동하기 위해서는 목적 합리적인 실천 활동뿐만 아니라 "자기를 사고한다"고 하는 지성의 이론 활동이 필요한 것이다. 요컨대 "의지는 사고하는 지성으로서만, 참된 자유로운 의지다."(21절 주해) 여기서 헤겔은 자유 의지를, 루터와 같이, 선과 악을 선택하는 능력으로서 주의주의적으로 이해하지 않고 "나는 생각한다"라는 사고 활동에 의해 주지주의적으로 근거짓는다는 점에서 데카르트 이래의 독일 계몽에 충실한 계승자라고 말할 수 있다.

더욱이 자기의 본질을 안 참으로 자유로운 의지는 자신의 목적을 외계에서 실현하는 활동의 결과, 실현된 대상 속에서 자기 자신을 발견할 수 있다. 이러한 자유 의지는 "대상에서 자기 자신에게로 귀환하고 있기" 때문에, 거기서는 주체가 존재해야 할 목적으로 생각하는 "개념"과 외계로 객체화되어 현실적으로 있는 존재인 "현존재"가 일치한다(22절, 28절). 예를 들면 미개지에서 살아가는 생산자는 독립 자영의 목적을 실현하기 위해 삼림을 개간하고 가옥을 설립해서 자신의 주거와 농지를 확보하지만, 거기서는 자유 의지의 활동에 의해 독립적인 인격이라고 하는 "개념"이 자기의 소유라고 하는 "현존재"와 일치한다. 여기서 자유 의지는 "정신의 개념"(66절 주해)을 모델로 하여 타자존재에서의 자기 동일 내지는 개념과 현존재의 일치된 상태로서 설명되고 있다.

그리하여 자유 의지라는 법의 개념이 외계에서 실현되어 외계가 널리 자유 의지의 현존재가 된 상태야말로 지향해야 할 "법의 이념"이며, 이것이 철학적 법학의 대상을 이룬다(1절, 29절). 법의 이념은 자유 의지에서 시작되는 개념의 규정을 대립물로 이행시키고 서로 대립하는 두 규정의 자기 부정과 통일로부터 긍정적 성과를 산출하여 내재적으로 발전시키는 방법에 따라 전개된다. 이러한 헤겔의 독자적인 방법이 여기서 비로소 "개념의 변증법"이라고 불린다.

따라서 법의 이념은 자유 의지의 개념이 개념의 변증법에 따라 가장 추상적인 법으로부터 좀 더 구체적인 법으로 발전해 가는 다양한 단계로서 그려진다(30절, 31절). 요컨대 ① 최초의 의지에서의 인격과 물건이라는 '추상법'으로부터, ② 반성한 의지에서의 주체적 의지와 선의 이념이라는 '도덕성'을 거쳐, ③ 양 계기를 통일한 '윤리'에 이른다. 그리고 윤리 안에서 ④ 최초의 실체인 '가족'으로부터 출발하여, ⑤ 실체가 분열한 '시민사회'

를 거쳐, ⑥ 분열에 매개되어 다시 통일을 이룬 '국가'에 이른다. 마지막으로 ⑦ '국민정신'으로서의 국가는, ⑧ '특수한 국민정신의 관계'를 거쳐, ⑨ 세계사에서 '보편적인 세계정신'의 법에 이른다(33절). 이것이 처음에 예고된 『법철학 요강』의 전체 구성이다.

우선 법의 이념이 추상법으로부터 도덕성을 거쳐 윤리에 이르는 최초의 발전 단계를 살펴보자.

인격과 소유의 자유—추상법

제1부의 추상법은 자유 의지의 개념에 의해 인격과 소유의 자유를 근거 짓는 것을 그 목표로 하고 있다.

우선 자유 의지에 의한 소유의 자유의 근거짓기부터 살펴보자. 헤겔에 따르면 '인격'은 "자기를 대상으로서 안다"고 하는 자유 의지의 특성을 지닌다. 그리하여 인격은 자신의 의지를 외적 사물 속에 놓고 '물건'을 자신의 것으로 하는 권리, 즉 '점유'의 권리를 지닌다. 하지만 인격이 물건을 자신의 것으로서 취득할 뿐만 아니라 자신의 의지를 물건의 형태로 대상화할 수 있게 되면, 점유의 권리는 '소유'의 권리로 변한다(44절, 45절). 인격이 물건을 취득하고 자기를 대상화하는 '점유취득'의 주된 활동이 자연의 사물을 가공하여 임의의 형식을 부여하는 '형성', 즉 노동이다(51절, 56절). 노동에 의해 자연에 형식을 부여하는 인격의 활동은 자유 의지가 칸트가 상정하는 사물 자체의 자립성을 자기 마음대로 지양할 수 있다는 것을 보여주고 있기 때문에, "자유 의지가 관념론이다"라는 것을 증명하고 있다(44절 주해).

여기서 헤겔이 사용하는 인격과 물건의 개념은 원래는 로마법에서 유래하는 것이지만, 자유 의지를 중심으로 다시 정의되어 로마법의 용법으로부터 크게 전환되고 있다는 점이 주목된다(40절 주해). 요컨대 인격은 새롭게 자유 의지의 주체로서 정의되기 때문에, 귀족의 가장이라는 특정한 지위·신분으로부터 노예와 여성을 포함하는 모든 인간에게로 확장되고 있는 것이다. 다른 한편으로 물건은 새롭게 자유 의지의 객체로서 정의되기 때문에, 노예와 어린이를 포함한 존재로부터 자연 사물로 한정되고 있다.

더욱이 자유 의지의 소산인 소유는 무엇보다도 사적 소유이기 때문에, 가족 세습 재산과 교회 재산과 같은 공동 소유는 "인격성의 권리"에 반하며, 해체되는 것이 필연적이다(46절). 따라서 사적 소유를 회복하기 위해 국가가 수도원을 폐지하고 교회 재산을 몰수한 것은 전적으로 정당하다(1822년도 강의a, 46절). 마찬가지로 사적 소유를 추방하는 플라톤의 국가 이념은 "사적 소유가 허락되지 않는다고 하는 인격에 대한 불법"을 수반하는 잘못된 사상이다(주어캄프 판 전집 제7권, 46절). 여기서 헤겔은 노동에 의해 사적 소유를 근거짓는 로크의 소유론을 계승하고, 플라톤으로부터 가톨릭 교회에 이르기까지 보이는 재산 공유 사상을 단호히 물리치고 있다.

둘째로, 헤겔은 이러한 소유의 자유에 기초하여 일반적으로 "인신의 자유"라고 불리는 인격의 자유를 근거짓고자 한다. 인격의 자유는 "자기를 자유로운 존재라고 파악한" 정신이 신체로서의 "자기를 점유 취득한다"고 하는, 정신의 자기 소유의 논리로부터 도출된다(57절). 여기서 헤겔은 데카르트와 달리 영혼과 육체가 서로 다른 실체가 아니라 동일한 실체를 이룬다고 하는 심신일체론을 채택하며, 이런 의미에서 정신과 신체, 개념과 현존재는 통일되어 있다고 하는 "정신의 개념"을 미리 전제한다(48절 주해). 그리고 물건은 계약에 의해 자유 의지를 이전시키면 타자에게 자유롭게 양도할 수 있는 것인 데 반해, 신체는 정신으로부터 분리될 수 없기 때문에 인격성과 종교·윤리는 방기할 수 없으며, 인격은 일반적으로 타인에게 양도할 수 없다고 결론을 내린다(66절 주해). 따라서 노예제와 농노제를 비롯하여 양심의 지도를 타인에게 맡기는 것과 같은 정신의 후견 상태는 인격의 자유에 반하는 "인격성의 방기"로 불리며 물리쳐진다. 그리고 자기 자신을 안다고 하는 정신의 자기 인식은 자기의 개념에 덧붙여진 "종래의 관계와 불법을 지양한다"고 선언된다. 여기서 헤겔은 자기 지배를 자유의 조건으로 간주하는 로크의 자기 소유론을 받아들여, 그로부터 노예제와 봉건적 농노제, 교회의 성직자 지배를 그 근저로부터 부정하는 인격의 자유사상을 도출하고 있다.

셋째로, 헤겔은 소유의 자유란 소유자가 물건을 전 범위에 걸쳐 전면적으로 사용할 수 있는 한에서, 즉 "완전한 소유"로서 비로소 성립한다고 주장한다(61절). 그리하여 내가 물건을 전면적으로 사용하면서 타인이 소유권을 지닌다고 하는 불완전한 소유의 형태는 두 사람의 '주인들'(Herren)로 이루어지는 "이중지배"(Herrenschaft)를 의미하기 때문에, 완전한 소유와 서로 용납하지 않는 "인격성의 광기"라고 불리며 물리쳐진다(62절 주해, 많은 번역에서는 '이중지배'는 '지배'(Herrschaft)와 구별되고 있지 않다). 여기서 헤겔이 '이중지배'를 비판할 때, 거기서는 토지를 사용하는 "용익소유권"과 지대를 청구하는 "직접소유권"을 따로따로 분리하는, "분할소유권"이라고 불리는 봉건 영주의 토지 소유 형태가 생각되고 있다(같은 곳). 따라서 헤겔이 나폴레옹 법전에 의한 봉건적 토지 소유의 철폐를 지지하는 입장에 서 있는 것은 분명하다.

그래서 자유 의지로부터 도출되는 인격과 소유의 자유는 역사적 배경으로서는 프랑스 혁명에 의한 그리스도교 원리의 실현을 의미한다고 말할 수 있다. 헤겔은 다음과 같이 서술한다. "인격의 자유가 그리스도교를 통해 피어나고서 비록 인류의 한 작은 부분에서나마 이것이 보편적 원리가 된 지도 거의 1500년이 흘렀다. 그러나 소유의 자유가 이곳저곳에서 원리로서 인정받게 된 것은 겨우 엊그제의 일이라고 말할 수 있을 것이다."(62절 주해)

하지만 소유의 자유가 가질 수 있는 자에 의해 무제약적으로 행사되면, "자산의 불평등한 분배"(49절 주해)를 확대시켜 가지지 못한 자의 인격의 자유까지 부정할 가능성은 없는 것일까? 헤겔 자신이 개인의 기능을 일시적으로 일부분만 사용하는 권한은 고용 계약에 의해 양도할 수 있지만 개인의 기능을 전면적으로 사용하는 권한은 양도할 수 없기 때문에, 노동의 전체 시간과 생산물 전체까지 양도하는 것은 "나의 인격성을 타자의 소유로 하는" 것과 같으며 인격의 자유에 반한다고 지적하고 있다(67절). 거기서 나중의 맑스처럼 자본제 사회에서의 새로운 노예 노동에 대한 근본적인 비판을 읽어내는 것도 어렵지 않을 것이다.

도덕적 주체의 비판과 윤리적 실체와의 동일화──도덕성 · 윤리

제2부의 도덕성은 칸트의 도덕론, 특히 그의 엄격주의와 형식주의를 극복하는 것을 목표로 하고 있다. 그리하여 헤겔은 자기를 확신한 주체의 일면성을 지적하고, 윤리적 실체에 대해 의무를 부여할 필요를 이야기한다.

우선 헤겔은 고귀한 이상과 같은 객관적 목적을 실현하는 활동도 반드시 개인의 명성과 같은 주관적 욕구를 충족하는 면을 포함한다고 지적하고, 특수한 개인적 욕구의 충족을 "특수성의 원리", "주관적 목적의 권리"라고 부르며 분명히 인정한다(121절, 124절). 그리고 '경향성'으로부터 자연법칙에 따르는 것이 아니라 '의무'로부터 보편적 법칙에 따를 것을 이야기하는 칸트의 도덕론을 특수한 요구의 충족을 모조리 배제한다는 점에서 비판한다. 헤겔에 따르면 이러한 동기 중심의 도덕은 도덕을 "자기 충족과의 적대적 투쟁"의 영속화로 간주하고, "의무가 명령하는 것을 혐오하면서 행한다"(실러)고 하는 엄격주의에 빠지고 만다. 더 나아가 엄격주의의 도덕은 오로지 명예욕과 같은 행위자의 주관적 동기에만 주목하고, 나폴레옹과 같이 위대한 업적을 성취한 영웅을 시기하여 하인과 동일한 수준으로까지 끌어내리는 평준화 경향을 산출한다. 헤겔은 이것을 "심리학적 하인"에 의한 "역사의 심리학적 견해"라고 부르며 "하인의 눈에는 영웅은 존재하지 않는다"고 엄혹하게 비판한다(124절 주해). 여기서 헤겔은 칸트가 '경향성'이라고 부른 자연법칙의 동인을 개인의 욕구 · 충동 일반을 가리킨다고 넓게 해석한 다음, 그에 맞서 자신의 행복을 추구하는 특수성의 원리를 긍정한다.

하지만 개인의 주관적 충족·행복과 인격·소유의 자유라는 추상법은 생명이 위협 당하는 위급한 때가 되면 서로 충돌하며, 공히 일면적인 원리라는 것이 판명된다. 그리하여 양자는 "선의 이념" 속에서 전체의 불가결한 요소들, 전체의 계기들로서 통일된다(128-130절).

둘째로, 헤겔은 주관적 의지에게 '의무'의 이름으로 선을 명령하는 칸트의 정언명법을 형식주의라고 비판한다. 헤겔에 따르면, 정언명법은 일체의 내용을 결여한 추상적 보편에 지나지 않으며, "의무를 위한 의무"를 이야기하는 공허한 형식주의에 빠지고 만다(135절). 하지만 의무를 위해 행위하기 위해서는 행위자가 자신이 이루어야 할 의무의 내용이 무엇인지를 미리 인식하고 있을 필요가 있다. 그리고 행위하는 자가 무엇이 의무인 것인지를 앞서 안다고 하는 "선의 통찰의 권리"야말로 "주관의 최고의 권리", "자기의식의 권리"를 이룬다(134절, 132절). 하지만 헤겔에 의한 형식주의 도덕의 비판은 칸트의 정언명법이 목적의 나라에서의 인격 상호 간의 존중이라는 풍부한 실질을 갖추고 있다는 점을 간과하고 있는바, 칸트 윤리학에 대한 공정한 비판이 되고 있다고는 말할 수 없을 것이다.

셋째로, 헤겔은 주관적 의지로부터는 양심이 악으로 전화할 가능성이 생긴다고 지적하고, 『정신현상학』의 양심론과 마찬가지로 낭만주의적 주체의 독선적 성격을 비판한다. 헤겔에 따르면, 자기 자신을 확신한 주관적 의지는 '양심'이라고 불리지만, 도덕성의 입장에 서는 한에서 이것은 객관적 내용을 결여한 "형식적 양심"에 지나지 않는다(137절). 그리하여 형식적 양심은 내면에 대해 물음을 던지고 스스로 내용을 결정하고자 하지만, 이때 보편자가 아니라 특수성을 원리로 하여 행위하는 악의 가능성에 직면한다(139절). 그리고 주관적 의지가 자신에 대해서도 악을 선이라고 주장하고 자기를 절대화하게 되면, "자기를 절대화하는 주관성"이라는 악의 형식이 철학의 이름을 참칭하는 "천박한 사상"으로부터 발생하게 된다. 거기서는 자신이 올바르다고 하는 감정을 충족시키고자 하는 "증오와 복수로부터의 살인"도 도덕적 의도로부터 이루어진 선한 행위로서 정당화되게 된다(140절 주해, 126절 주해). 여기서 헤겔은 잔트의 테러 행위와 이것을 옹호하는 후기 낭만파의 프리스와 데 베테를 염두에 두면서 자기를 확신한 주체의 일면성을 비판하고 있다.

마지막으로 자기를 절대화하는 주관성의 정점으로서 거론되는 것이 초기 낭만파의 프리드리히 슐레겔이 주장하는 낭만적 아이러니이다(140절 주해). 헤겔에 따르면 최고의 가치를 파멸시켜 자기 자신의 우월을 즐기는 아이러니적인 주체란 "자기 자신을 모든 내용의 허무라고 알고, 이 앎 가운데서 자기 자신을 절대자라고 아는 주관적 허영의 형식", 요컨대 자신이 진리와 정의에 관한 어떠한 결정도 이룰 수 있다고 자부하는 주관화된 결단주의이자 가치 상대주의의 하나의 형태에 다름 아니다. 이리하여 내면이 공허하게 된 낭만주의자는 객관성을 동경하는 나머지 노예적 의존 상태에 몸을 떨어트리며, 가톨릭으로 개종하는 것이 필연적이라고 헤겔은 진단한다(1822년도 강의a, 141절).

따라서 두 번째와 세 번째의 비판을 요약하면, 의무라는 추상적 선은 주체에 의한 내용의 규정을 결여하고 있다는 점에서, 자기를 확신한 주관적 의지는 보편인 실체를 결여하고 있다는 점에서 공히 일면적인 것으로서 판명된다. 그리하여 추상적 선과 주관적 의지는 각각 자기를 부정하는 결과, 이념의 불가결한 요소, 전체의 계기로서 통일된다. 그로부터 "선과 주관성의 진리" 내지는 "법과 주관성의 진리"를 이루는 세 번째 단계인 윤리로 이행할 필요가 설명된다(주어캄프 판 전집 제7권, 141절 주해). 여기서는 추상법과 도덕성으로부터 윤리로의 이행이 앞에서 말한 "개념의 변증법"에 의해 양자의 자기 부정과 긍정적 통일로서 설명되고 있다.

제3부의 윤리는 추상법과 개인의 행복·의무로 이루어지는 선의 이념이 가족·시민사회·국가와 같은 사회 제도 속에서 어떻게 실현되는지를 보여주는 것을 목표로 한다. 거기서는 먼저 선의 이념에 해당되는 "윤리적

실체"가 주관적 의지라는 '주체'에 대해 구별됨과 동시에 통일된 이중의 관계에 선다고 설명된다. 여기서 '실체'란 그 자체로 독립하여 존재하는 대상을 가리키며, '주체'란 자기 자신을 자각하는 자기의식을 가리킨다.

윤리란 자유 의지의 활동을 통해 자유 의지의 개념과 그 현존재를 "양 계기"로 하여 통일한 "자유의 이념"으로 정의된다. 그리고 제2장 제2절에서 취급한 실체-주체론을 사용하여 "주체성에 의해 구체화된 실체", 요컨대 선의 이념이 자기의식에 의해 자각되고 실현된 것이라고 불린다(143절, 144절). 한편으로 윤리적 실체는 자기의식이 알 수 있는 대상이기 때문에, 자기의식으로부터 구별된 "개인의 의지를 구속하는 의무"로 의식된다. 이 의무는 "개인이 소속되는 관계들의 의무에 대한 단순한 적응"을 보여준다는 점에서는 "성실함"의 덕을 의미한다(146절, 148절, 150절). 다른 한편으로 윤리적 실체는 "주체에 고유한 본질"이기도 하기 때문에, 개인과 동일화된 '관습', '습속'으로 의식된다. 거기서는 실체에 소속되고 의무를 수행하는 한에서 개인의 권리도 충족된다고 하는 의미에서 "의무와 권리가 일체로 된다"고 한다(147절, 151절, 153절, 155절).

이와 같이 도덕성으로부터 윤리로 이행하는 과정은 주체로부터 실체로 향하는 운동으로서 설명되며, 주체의 자립적인 권리를 추출하기보다도 윤리적 실체에 대해 의무를 지우는 동일화의 논리가 우위를 점한다. 하지만 추상법과 도덕성에서 설명된 인격과 소유의 자유, 주체적 자유와 양심의 자유는 윤리의 제도들 안에서도 이념의 계기로서 받아들여질 것이다. 그리하여 제3부의 가족-시민사회-국가에서는 실체로부터 주체로 향하는 그 역의 운동이 보이는데, 이제 그것을 계속해서 살펴보기로 하자.

3. 가족-시민사회-국가

근대적 가족론

윤리 가운데서도 제1단계의 직접적 통일에 해당되는 것이 가족이다. 여기서 헤겔은 로마법의 가족법과 대결하면서 대단히 근대적인 가족론을 전개하고 있다.

우선 가족을 창립하는 혼인은 칸트가 말하는 것과 같은 계약이 아니라 양성이 하나의 인격을 형성하는 자유로운 합의에 의한다(162절). 그리고 두 인격의 상호 헌신으로부터 비로소 친밀함이 생겨나고, "타자에게서 자기 자신을 의식하는 인격의 권리"가 채워진다고 하는 이유로부터 일부일처제가 정당화된다(167절). 전통적인 "가계와 집"이 자연의 혈연관계에 기초하고 있었던 데 반해, 가족은 윤리적 사랑에 기초하는 점에서 가계나 집에서 자립한 "새로운 가족"을 형성한다(172절).

둘째로, 혼인의 소산인 자식은 "본래적으로는 자유로운 존재"이기 때문에 로마법과 같이 부모와 타인에게 속하는 물건일 수 없다(175절). 헤겔은 로마 친족법이 강력한 가부장권에 의해 자식을 판매할 수 있는 노예와 마찬가지로 취급한다는 점을 엄혹하게 비판한다. 친권에 복종하는 자식도 성인이 되면 자립적인 자유로운 인격이 되어 최초의 가족을 떠나지만, 이것은 윤리적 이유에 기초하는 해체라는 의미에서 "가족의 윤리적 해체"라고 불린다(175절, 177절). 그리하여 교육의 임무는 인격의 자유의 이념에 따라 성인이 된 자식이 "집을 나서"도록 준비하는 점에 놓여 있다. 여기서 보이는 것은 자식이 성인이 되는 것에 의한 친권으로부터의 독립이라는 로크 이래의 교육관이다. 벨라(Robert Neelly Bellah)도 말하듯이 "집을 나선다"고 하는 교육 목표는 조상 숭배를 존중하는 동아시아의 유교 문화에서는 오늘날에도 여전히 계속해서 과제라고 말할 수 있다(벨라, 1985).

셋째로, 양친의 죽음에 의해 "가족의 자연적 해체"가 일어나기 때문에, 가산의 상속이 문제가 된다. 헤겔은 로마 상속법이 유언 자유의 원칙에 의해 고인의 자의를 그대로 용인하고, 자연 상속인들 사이의 차별을 조장하는 점을 비판한다. 그리고 고인의 자의를 가능한 한 배제하고 남겨진 가족의 권리를 존중할 것을 요구한다(180절 주해). 더 나아가 가족 세습 재산에 의한 장자 상속제는 소유의 자유를 침해할 뿐만 아니라 "가족보다도 가계와 집을 유지하고자 하는 사상"에 기초한다고 비판하고, 균분 상속에 의한 상속권의 평등을 주장한다(같은 곳). 단독 상속보다도 분할 상속을 지지하는 헤겔의 기본적 입장은 여기서도 나폴레옹 법전에 일치하고 있는데, 헤겔은 봉건 귀족의 대토지 소유를 해소하고 토크빌이 말하는 "계층들의 평등"을 추진하는 측에 서 있다(토크빌, 1835).

이렇게 윤리적 · 자연적 이유들에서 해체되는 결과, 가족은 인격의 자유의 원리에 의해 다수의 가족으로 분열하며, 다음의 시민사회로 이행한다(181절). 이 이행 과정에서는 최초의 실체로부터 개인의 주체성을 추출하는 논리의 시작을 간취할 수 있다.

덧붙이자면, 헤겔 자신은 1811년에 귀족 명문가 출신의 여성과 결혼하여 두 명의 자식을 얻은 것 이외에, 예나 시대의 혼외자식을 받아들여 기른다. 후에 아들인 칼 헤겔은 베를린 대학에 입학하여 부친의 강의를 청강하고 필기록을 적어 남기게 된다.

욕구의 체계―시민사회(1)

첫 번째의 가족이 직접적 통일의 단계인 데 반해, 두 번째의 시민사회는 통일이 상실된 차이 · 분열의 단계이다. 국가로부터 구별된 시민사회 개념을 새롭게 확립한 것은 헤겔의 커다란 공적으로서 특기할 만한 가치가 있다. 고대의 아리스토텔레스로부터 18세기의 칸트에 이르기까지 공동체로서의 '국가'(civitas)는 언제나 '정치사회'(societas civilis)와 동일시되어 왔지만, 헤겔이 비로소 '국가'(Gemeinwesen)로부터 '시민사회'(bürgerliche Gesellschaft)를 분리하여 별개로 논의했다(리델, 1969). 이러한 시민사회 개념의 확립은 프랑스 혁명에 의해 국가가 집권화한 권력 기구로서 완성되는 것에 병행하여 탈정치화한 사회가 민간 영역으로서 추출되어 가는 역사 과정을 개념적으로 파악한 것이다. 그리하여 시민사회의 구성원도 정치 참가의 주체라기보다 영리 활동의 주체라는 탈정치적 성격을 강화하기 때문에, 헤겔은 이것을 "부르주아로서의 시민(bürger)"이라고 부르고 있다 (190절 주해).

헤겔의 시민사회는 시장·법·복지라는 세 개의 시스템으로 구성되는 복합체를 이룬다. 첫째는 "욕구의 체계"라고 불리는 시장 시스템이다. 이것은 자립적인 인격이 개인적 욕구를 충족하기 위해 결합한 "전면적 상호 의존의 체계"를 이룬다. 거기서 시민은 시장을 지배하는 보편적 법칙에 매개되는 방식으로 사인으로서 특수한 자기 이익을 추구한다(182절, 183절, 187절). 한편으로 헤겔은 플라톤 등의 고대 공화주의를 비판한 다음, 특수 이익을 추구하는 시민사회의 원리를 "특수성의 원리", "주체적 자유의 원리"라고 부르며 이것을 승인한다. 자립적 인격의 원리는 고대 그리스에서는 결여되어 있으며, 플라톤의 국가에서도 직업 선택으로부터 사유재산과 가족에 이르기까지 그 어느 것이든 다 배제되어 있었다. 본래 고대 국가는 최초의 실체적 통일밖에 알지 못하며, 이성의 대립을 충분히 발전시켜 내부에서 결합하는 통일의 힘을 결여하고 있었다(185절 주해). 마찬가지로 루소의 자연 상태론도 "노동 속에 있는 해방의 계기"를 알지 못하는 "조야하고 부자유한 상태"라고 비판된다. 고대 자연법에서와는 달리 자연을 형성하는 노동이야말로 "자기도야"(Bildung)에 의해 정신을 자연으로부터 해방하고, "외면성에서 자기 곁에 있는" 자유로운 정신을 산출하며, "무한히 주체적인 실체성", 즉 주체성에 근거지어진 고차적인 실체적 통일을 가져온다는 점에서 평가된다(187절 주해, 194절 주해).

다른 한편으로 헤겔은 욕구의 체계에서는 전체의 이념이 특수성과 보편성에로 분열한다고 지적하고, 이것을 "윤리가 양극으로 상실된 체계"라고 부르며 비판한다(184절). 거기서는 한도를 알지 못하는 사치의 경향이 보이는 반면, "의존과 궁핍의 무한한 증대"가 진행된다(185절, 195절). 또한 노동의 세분화와 분업에 의해 생산성이 증대되는 한편, 노동의 단순화와 기계화라는, 나중에 맑스가 말하는 "소외된 노동"의 문제가 발생한다(198절). 더 나아가 "보편적 자산"이라는 사회 전체의 부에 관여하는 정도는 각 사람의 자산과 기능에 의해 크게 좌우되지만, 개인의 생득적인 자질의 불평등은 "개인의 자산과 기능의 불평등"을 점점 더 강화해 간다(200절). 요컨대 "정신의 특수성의 권리"를 인정하면, "자연에 규정된 인간의 불평등"은 시민사회에서 지양되기는커녕 오히려 "기능과 자산, 지적·도덕적 도야의 불평등"으로까지 높아지는 것이다(200절 주해).

시민사회에서 개인의 자산과 기능에서의 "결과의 불평등"이 강화되는 것에 대해 헤겔은, 루소와 달리, 개인이 직업상의 신분을 선택하는 "(형식적인) 기회의 평등"을 요구하는 것으로 대처한다. 직업 신분의 선택을 비롯해서 시민사회와 국가에서 필요한 것은 개인의 선택 의지라는 "주체적 자유"를 통해 실현해야 하며, 주체적 자유야말로 "시민사회의 모든 것을 활성화하는 원리"를 이룬다(206절 주해). 하지만 바로 직업 선택의 자유야말로 플라톤의 국가와 인도의 카스트 제도, 그리고 구 유럽의 신분제 질서에 결여되어 있는 것이었으며, 프로이센에서도 1807년의 슈타인 개혁에 의해 비로소 도입되어 이제 겨우 10년 남짓 경과했을 뿐이었다.

사법 활동──시민사회(2)

시민사회의 두 번째는 "사법 활동"이라고 불리는 법 시스템이다. 여기서는 추상법이라는 즉자적인 법의 존재방식이 일반적으로 공시되고 개개인에 의해 자각되어 대자적으로 정립된 '법률'이라는 실정법의 형태를 취한다. 거기서는 "모든 사람이 동일한 보편적 인격"이라는 자기 도야로부터 얻어진 의식이 실현된다(211절, 209절 주해). 이러한 법률을 개별적인 사례에 입각하여 집행하는 것이 재판의 역할이다. 보편성과 특수성으로 분열된 시민사회는 사법 활동에 의해 추상법과 개별 사례, 보편성과 특수성의 통일된 존재방식에로 다시 되돌려진다(219절, 229절).

사법 활동을 논의함에 있어 헤겔은 재판에 관계되는 당사자의 "자기의식의 권리", "주체적 자유"를 무엇보다 중시한다. 그리고 그는 실정법학의 역사적 성격을 고집하는 사비니 등의 역사법학파와 날카롭게 대결한다. 첫째로, 자신이 따라야 할 법률의 내용을 아는 "자기의식의 권리"에 의해 법률은 일반적으로 공시되어야 한다는 이유로부터 이제 법전 편찬에 의해 법률을 공개할 것이 요구된다(215절). 그리하여 헤겔은 당시의 법전 논쟁에 개입하여 독일에서도 나폴레옹 법전을 따르는 법전의 편찬을 설파하는 티보의 적극론을 지지하고, 법전 편찬을 시기상조라고 주장하는 사비니의 반대론을 일축한다. 문명화된 국민에 대해 법전 편찬의 능력을 부인하는 것은 해당 국민에 대한 "최대의 모욕의 하나"라는 것이며, 완전한 법전을 요구하는 나머지 불완전한 법전을 거부하는 "독일적 병"에 대해서는 "선의 최대의 적은 최선이다"라는 볼테르의 경구가 적용된다(211절 주해, 216절 주해). 그리고 국민들에게 법전을 준 통치자는 "국민들의 최대의 은인"으로서 상찬되어야 할 뿐만 아니라 "위대한 정의의 행위"를 성취한 것이라고 말함으로써 헤겔은 나폴레옹의 입법 사업을 최대한의 표현을 동원하여 지지한다(215절 주해, 1819년도 강의, 172절).

둘째로, 헤겔은 칸트의 응보형을 대신하는 새로운 형벌관에 기초하여 영주 재판권을 폐지하는 슈타인의 사법 개혁을 지지하고, 재판의 통일과 공개를 요구한다. 헤겔에 따르면, 당사자의 응보라는 주관적 보복 대신에 보편자가 나타나 법의 자기 회복을 도모하는 것이 형벌의 본질이기 때문에, 봉건 귀족은 자력 구제를 그치고 재판권을 공적 기관에 넘겨야 한다(220절,

219절 주해). 또한 재판의 보편적 내용은 모든 이의 이해관계에 관계되기 때문에, "주체적 의식의 권리"에 의해 일반에 공개되어야 한다(224절). 여기서는 법률·재판의 공개 요구라는 의미의 '공공성' 관념을 이미 볼 수 있다.

셋째로, 헤겔은 나폴레옹에 의해 영국에서 독일로 도입된 배심제를 "당사자의 자기의식의 권리"를 보장하는 제도로서 지지한다. 헤겔에 따르면, 판결을 내리는 자가 당사자와 대등한 지위에 있을 때, 당사자의 "자기의식의 권리"라는 "주체적 자유의 계기"가 참으로 보장된다. 그뿐만 아니라 법률의 지식을 "배타적 신분의 소유물"로 하지 않고 시민사회의 구성원이 법조 신분의 "후견 상태", "노예 상태"에 빠지는 것을 막기 위해서는 시민 자신이 재판의 사실 문제를 판단할 필요가 있다(228절, 같은 절의 주해). 10년 후에 미합중국에서 배심제를 시찰한 프랑스 귀족인 토크빌은 법조 신분의 귀족적 정신을 사회에 침투시킨다고 하는 위로부터의 관점에서 배심제를 평가한다(토크빌). 이에 반해 평민 출신의 헤겔이 주체적 자유라는 시민사회에 내재하는 아래로부터의 관점에서 배심제를 평가하고 있는 것은 귀족 출신의 사비니에 대한 대항 의식을 고려하면 이해될 수 있을 것이다.

행정과 동업단체──시민사회(3)

시민사회의 세 번째는 "행정과 동업단체"로 이루어지는 복지 시스템이다. 행정과 동업단체는 인격·소유의 안전을 지키며, 개인의 생계와 복지를 보장하여 가족을 대체하는 역할을 수행한다(230절).

'행정'(Polizei)은 당시 '경찰'보다도 넓은 의미에서 사용되고 있던 용어이며, 개인의 복지에 관해 시민사회의 활동을 규제하는 공권력의 기능을 가리킨다. 행정의 첫째는, 범죄와 유해한 불법 행위를 방지하는 경찰의 기능이며, 이것은 어디까지나 외면적 질서의 유지에 한정된다(232절, 233절).

둘째는, "공중의 권리"를 대변하여 시장의 공통 이익을 배려하고 수급 관계를 규제하는 시장 통제적 기능이다(235절, 236절). 여기서 헤겔은 영업의 사적 자유인가 아니면 국가에 의한 완전 고용의 제공인가라는 양극의 선택지를 배제하여 어디까지나 특수 이익에 의한 개인의 노동을 통해 이기적 목적 추구를 보편적 법칙과 매개하는 "위로부터의 통제"에 기대한다(236절 주해). 거기에는 수요 공급의 일반 법칙이라는 시장의 "보이지 않는 손"을 신뢰하는 스미스의 자유방임주의에 대한 비판이 들어 있다.

셋째는, 기회가 평등하게 열리고 사회의 유동성이 높아짐에 따라 사회 전체의 부에 관여하는 정도는 개인의 자산이나 기능에 의존하기 때문에, 개인의 기능이나 생계를 공통의 자산으로 간주하고 배려한다고 하는, 가족을 대체하는 기능, 즉 "보편적 가족"의 기능이다(237절, 238절). 헤겔에 따르면 시민사회는 개인을 가족으로부터 분리하여 소외시키는 대신, 자립적 인격으로서 인정하기 때문에, 개인은 새롭게 "시민사회의 아들"이 되고 시민사회에 대해 권리와 의무를 지닌다. 시민사회에 대해 요구되는 가족 대체적 기능으로서는 ① 부모의 자의에 대해 자식의 교육을 감시하고, ② 낭비자에 대해 후견인이 되며, ③ 빈곤자에 대해 가족의 역할을 받아들여 개인적 자선을 공적 구빈으로 보완하는 세 가지 점이 거론된다(239-242절).

헤겔이 이 중에서도 마지막의 빈곤을 행정이 대처해야 할 문제로서 중시하고 있는 점은 주목할 만한 가치가 있다. 첫째로, 빈곤 문제는 무엇보다도 "자기 자신의 활동·노동에 의해 살아간다고 하는 긍지(Ehre)의 감정", 즉 자존심을 빼앗아버리고, "경우가 부정하다고 하는 감정", 즉 원한으로 내몰린 계층을 산출한다고 하는 집단 심리학적인 문제이다. 헤겔에 따르면 생산성 증대에 의해 부유한 계급으로의 부의 집중이 진전되고 노동에 얽매인 계급의 의존과 궁핍이 증대되는 결과, 최저한의 생활수준 이하로

떨어지고 자존심을 상실한 "천민"이 대량으로 나타나 시민사회의 안정을 뒤흔든다(243절, 244절).

둘째로, 그러면 어떠한 빈곤 정책을 취해야 할 것인가라는 점에서 시민사회는 심각한 이율배반에 직면한다. 한편으로 누진 과세와 공적인 구빈 시설이라는 "노동에 매개되지 않는" 생계의 보장은 시민사회의 원리를 이루는 "자립과 긍지의 감정"에 반한다. 다른 한편으로 고용의 공적 제공이라는 "노동에 매개된" 보장은 과잉 생산에 의한 소비자 부족을 증대시킨다(245절). 영국의 신문으로부터 실례들을 숙지하고 있던 헤겔은 이러한 복지 정책의 이율배반이야말로 부의 과잉이 빈곤의 과잉을 해소할 수 없는 시민사회의 근본 모순이라고 날카롭게 진단한다.

그리하여 일정한 발전을 이룩한 시민사회는 이러한 이율배반을 해결하기 위해 "시민사회의 변증법"에 따라 자국의 외부로 나가 지체된 다른 국민들에게서 소비자를 찾을 뿐만 아니라 식민에 의해 새로운 수요를 개척하도록 내몰린다(246절, 248절). 여기서 헤겔은 그보다 1세기 후에 보이는, 상품 시장과 노동 시장을 찾아 열강이 식민지를 서로 쟁탈하는 현상의 근본 요인을 적확하게 알아맞히고 있다. 이러한 시장 원리의 역동성이 현대에는 금융 시장에까지 미쳐 '글로벌화'의 현상을 취해 나타나고 있는 것은 잘 알려져 있을 것이다.

행정과 더불어 복지의 담지자로 여겨지는 "동업단체"(Korporation)는 직인 등의 "영업 신분들"에서 보이는, 특수한 기능에 따라 조직화된 단체이다(250절, 251절). 이것은 공권력의 감독 하에 단체 자신의 이익을 배려하고 단체 멤버들을 채용·교육한다고 하는 "제2의 가족"의 역할을 받아들인다(252절). 거기서는 개인의 능력에 따른 생계와 자산이 보장되는 한편으로, 보편적 단체에 소속해 있다고 타자로부터 인정받기 때문에, "직업 신분에 대한 긍지"(Standesehre)가 얻어진다(253절). 그 결과 영업 계급에 특유한 사치·낭비벽이 억제되고, 빈곤에 대한 원조도 부당하게 굴욕적이지 않게 되며, 부가 가진 자에게 초래하는 '고만(高慢)'이나 가지지 못한 자에게 초래하는 '질투'가 사라지기 때문에, 앞에서 말한 '성실함'의 덕이 참으로 실현된다고 한다(같은 절 주해).

그 당시 프랑스에서는 1791년의 르 샤플리에 법에 의해, 프로이센에서는 1810년의 하르덴베르크 개혁에 의해 종래의 동업조합이 폐지되고 영업의 자유가 새롭게 보증되어 있었다. 하지만 헤겔은 토크빌과 마찬가지로 혁명에 의해 중간 단체가 일소되었기 때문에, 행정의 집권화가 과도하게 진행된 프랑스의 현 상황을 우려하고 있었다(1824년도 강의, 287절). 그리하여 그는 전통적인 길드의 특권을 박탈한 데 기초하여 동업단체의 새로운 재생을 구상하고 이것에 "시민사회에 뿌리박은 국가의 윤리적 근간"의 역할을 기대한다. 동업단체야말로 욕구의 체계에서 분열된 특수성과 보편성의 내면적 통일을 참으로 달성할 수 있다고 생각하는 것이다(255절).

국가 개념의 양의성—국가(1)

가족으로부터 시민사회로의 이행, 그리고 욕구의 체계와 사법 활동에서는 인격·소유의 자유와 주체적 자유를 사회 제도 안에서 실현하도록 시도되었던 것에 반해, 최후의 행정과 동업단체에서는 자립적인 주체를 가족의 실체적 통일로 되돌리도록 제도상의 고안이 이루어졌다. 이러한 실체로부터 주체를 추출하는 운동과 주체로부터 실체로 귀환하는 운동을 하나로 통일하는 것이 세 번째의 국가이다.

헤겔의 국가 개념에 따라붙는 종래의 혼란을 피하기 위해서는 국가에 관한 넓고 좁은 두 개의 개념을 확실히 구별할 필요가 있다. 하나는 가족과 시민사회를 포함하는 넓은 의미의 국가, 즉 "윤리적 이념의 현실태"(257절)와 "국가 공동체"(Gemeinwesen)(268절)라고 불리는 인간 공동체로서의 국가이며, 또 하나는 가족과 시민사회로부터 구별된 좁은 의미의 국가, 즉 "정치적 국가"(Staat)(267절, 273절)라고 불리는 권력 기구로서의 국가이다. 전자는 개인의 정치적 신조와 국가의 유기적 조직으로 이루어지며, 후자는 개념에 기초하는 다양한 권력의 구별로 이루어진다.

우선 헤겔이 넓은 의미의 국가를 어떻게 설명하고 있는지 살펴보자.

첫째로, 넓은 의미의 국가는 가족과 시민사회로부터 논리적으로 연역된 다음, 역사적으로 설명된다. 논리적 관점에서 보면, 국가는 가족의 "직접적 윤리로부터 시민사회에서의 분열을 거쳐, 이들 양자의 참된 근거를 이루는 국가에 이르는" 개념의 발전으로부터 생겨나는 결과이다. 가족을 성립시키는 실체적 통일과 시민사회를 근거짓는 주체적 자유는 이미 보았듯이 각각 자기를 부정하고 실체로부터 주체로, 주체로부터 실체로, 즉 대립하는 규정으로 이행하기 때문에, 양자는 공히 일면적이며 전체의 불가결한 요소에 지나지 않는다. 이것이 자각될 때 가족과 시민사회는 전체의 계기로서 통일되며, 양자를 근거짓는 "참된 근거"로서 국가가 나타난다. 이것이 개념의 변증법에 기초하는 국가의 논리적 연역이다.

다른 한편으로 역사적 관점에서 보면, 국가는 "최초의 존재"로서 선행하지만, 국가 내부에서 시민사회가 점차로 발전함에 따라 윤리적 실체는 주체성이라는 새로운 형식을 획득한다(256절 주해, 144절). 헤겔에 따르면 개념에 기초하는 증명에서는 가족과 시민사회라는 전체의 계기가 국가라는 결과에 선행하지만, 시간적 발전에서는 전체의 계기가 오히려 결과에 후속하여 나타난다고 한다(32절).

둘째로, 국가는 개인의 권리와 국가에 대한 의무가 불가분의 관계에 있다고 하는 권리론의 관점에서 설명된다. 특수 이익이 충분히 발전하고 그 권리를 인정받은 국가에서 비로소 개인은 보편적 이익을 자기 자신의 실체를 이루는 것으로서 인정할 수 있다(260절). 그리하여 "국가의 강함"이란 "개인은 권리를 지니는 한에서 동시에 국가에 대한 의무를 지닌다"고 하는 의미에서 국가의 보편적 이익과 개인의 특수 이익이 통일되어 있다는 점에 놓여 있다(261절).

셋째로, 국가는 개인의 주관적 신조와 국가의 객관적 제도가 상호적으로

서로 규정한다고 하는 제도론의 관점에서 설명된다. 국가의 주관적 측면을 이루는 "정치적 신조"란 자신의 특수 이익이 국가라는 '타자'의 이익에 포함되어 있다고 하는 의식이며, 이로부터 국가를 타자로 간주하지 않고 자기 자신의 실체라고 아는 "실체적 자유"가 얻어진다(268절). 이러한 정치적 신조는 평상시에 "국가 공동체를 실체적인 기초와 목적이라고 안다"고 하는 의미에서 '애국심'이라고도 불리지만, 헤겔이 말하는 애국심은 동업단체를 비롯한 제도 안에서 일상적으로 길러지기 때문에, "국가 안에 존재하는 제도들의 결과"라고 설명된다(268절 주해, 265절).

넷째로, 국가는 윤리적 실체와 자기의식의 동일성이라는 원리론의 관점에서 설명된다. "근대 국가의 원리"의 "어쩔 수 없는 강함과 깊이"는 "주체성 원리"를 자립적인 극으로까지 완성시킴과 동시에, 이것을 "실체적 통일로까지 되돌리고, 주체성 원리 그 자체 안에서 실체적 통일을 유지한다"고 하는 점에 놓여 있다(260절). 이러한 주체성 원리와 실체적 통일의 통일, "주체적 자유"와 "실체적 자유"의 통일이야말로 국가의 개념이다(257절, 258절 주해). 따라서 루소의 사회 계약설은 사상으로부터 얻어진 "의지를 국가의 원리로서 내세웠다"는 점에서 그 공적이 인정되지만, 이 의지를 보편성과 다른 "개별 의지의 형식"에서 포착했다는 점에서 비판된다. 또한 할러의 국가학은 애초부터 사상의 형식과 이성적 내용을 배척하고 법률 없는 "강자의 지배"를 원리로 한다는 점에서 근본적으로 비판된다(258절 주해).

이상이 넓은 의미의 국가에 대한 설명이지만, 그 목표는 시민사회의 토대를 이루는 주체적 자유를 인정한 데 기초하여 국가를 근거짓는 실체적 자유로 되돌리는 점에 놓여 있다.

이에 반해 좁은 의미의 국가는 국가의 객관적 측면을 이루는 "유기적 조직"에 해당되며, 입법권·집행권·군주권으로 이루어지는 입헌 군주정의 형태를 취한다(273절). 헤겔에 따르면 "입헌 군주정으로의 국가의 발전"이야말로 "근대 세계의 소산"이다(같은 절 주해). 아리스토텔레스는 1인·

소수·다수라는 지배자의 숫자에 따라 군주정·귀족정·민주정으로 구분했지만, 이들 세 가지 정체론은 아직 미분화된 실체적 통일에 기초한다는 점에서 그 모두 다 불충분하다. 그리하여 세 가지 정체는 입헌 군주정에서는 전체의 불가결한 요소로까지 끌어내려지며, 3자를 개별성·특수성·보편성이라는 "개념의 계기"로서 짜 넣은 혼합 정체 속에서 통일된다.

혼합 정체를 모델로 하는 입헌 군주정은 언뜻 보면 몽테스키외의 제한 군주정과 유사한 듯이 보인다. 하지만 헤겔은 1817년도 강의에서 받아들인 몽테스키외의 정체론을 1819년도 강의에서부터는 엄혹하게 비판한다. 몽테스키외의 군주정은 국가의 주권을 결여한 "봉건 군주정"이며, 거기서는 공적인 직무와 권한이 독립된 단체와 개인의 사유재산으로 되어 있다는 점에서 문제가 있다. 또한 몽테스키외의 권력 분립론은 각 권력의 자립성을 상정하고 유기적 통일을 결여하고 있기 때문에, 프랑스 혁명과 같이 입법권과 집행권이 서로 항쟁하는 분할 정부를 낳았다고 비판한다(272절 주해).

국가 주권과 권력 분립의 양립─국가(2)

헤겔이 "정치적 국가"라고 부르는 좁은 의미의 국가는 몽테스키외에 맞서 국가의 주권과 권력 분립이라는 서로 용납하지 않을 양자를 양립시키고자 하는 최초의 본격적 시도이며, 그 점에서는 근대 헌법의 기본 구조를 선취하고 있다.

첫째로, 헤겔은 군주권에 대해 국가 주권을 인정하는 한편, 집행권과의 사이에서 권한 배분을 고안한다. 우선 국가의 "실체적 통일"을 이루는 것이 국가의 주권이며, 주권의 본질은 공적인 직무·권한이 개인과 단체의 사유물이 아니라 전체의 불가결한 요소, 전체의 계기를 이루는 점에 놓여 있다(276-278절). 이에 반해 몽테스키외와 같은 봉건 군주정은 특권적 귀족이 관직을 사유하고 세습한다는 점에서 국가의 주권을 결여하고 있다고 비판된다(278절 주해). 다음으로 최종적 의지 결정을 내리는 것이 "국가의 주체성"이며(279절), 최종 결정의 측면이 신과 자연 현상이 아니라 "인간적 자유의 영역 내부"에 속하는 것은 자유 의지의 개념으로부터 생겨나는 근대 세계의 소산이다. 이에 반해 고대 민주정은 최종 결정을 신탁과 같은 "인간적 자유의 외부"에서 구하고 있었다는 점에서 비판된다(같은 절 주해). 더 나아가 국가의 주체성은 세습 군주와 같은 "현실의 주체"의 형태를 취한다고 하는 이유로부터 군주 주권이 정당화된다(280절, 281절). 여기서 헤겔은 신의 존재에 대한 존재론적 증명을 원용하여 주체성의 '개념'으로부터 주체의 '현존재'를 도출할 수 있다고 주장한다(280절 주해). 하지만 세습 군주의 주권을 주창하는 참된 이유는 제국 붕괴의 경험으로부터 얻어진 실제적 판단에 있었다고 생각된다. 요컨대 옛 제국과 같은 선거 군주정은 왕위의 정통성을 당파 항쟁에 내맡김으로써 국가를 해체하는 "최악의 제도"라고 생각했던 것이다(281절 주해).

이렇게 국가 주권이 군주에게 귀속되는 한편으로 군주에게 임명되는 "조언직"이 결정의 객관적 측면을 담당하여 책임을 짊어지기 때문에, 군주는 일체의 책임을 면제받는다(284절). 군주의 권한에 관한 한 절은 왕정복고 후의 프랑스 헌장(1814년) 13조와 마찬가지로 ① 대신은 국왕에게 책임을 지고 국왕은 면책되는 것인가, 그렇지 않으면 ② 대신은 인민에게 책임을 지고 실질적 결정권을 지니는 것인가의 그 어느 쪽으로도 해석될 수 있다. 하지만 1817년도의 강의는 후자의 해석을 명확히 언명하고 군주권에 대한 입헌적 구속까지 인정하고 있어 검열로 은폐되어 있지 않은 헤겔의 참된 뜻을 전하고 있다.

두 번째의 집행권은 행정권과 사법권을 포함하며, 시민사회의 특수 이익을 보편적 이익에로 되돌리는 정부의 임무이다. 시민사회의 특수 이익은 기본적으로 동업단체와 자치체의 자주 관리에 맡겨지는 한편, 집행권을 담당하는 관료가 특수 이익을 보편적 이익에로 이끄는 자로 기대된다(288절, 289절). "보편적 신분"이라고 불리는 관료는 전문 지식과 능력에 의해 임용되기 때문에, 귀족이 독점하는 직무가 아니라 전 시민에게 열린 직무이어야만 한다(291절).

세 번째의 입법권은 "주체적·형식적 자유의 계기"인 다수자의 견해를 표현하는 의회의 임무이다. 의회에 대해서는 시민사회를 대표하고 관료의 권력 남용을 감시하는 감독 기능이 기대되지만, 의회 자신이 보편적 이익을 희생시켜 특수 이익을 추구하는 경향이 있다고 한다(301절 주해). 그리하여 (좁은 의미의) 국가와 시민사회 사이의 잠재적 대립이 정부와 의회가 대결하는 형태를 취하여 나타날 위험이 나타나게 된다. 헤겔은 정부와 의회를 대립시켜 파악하는 "대단히 위험한 선입견"을 비판하는 한편, 국가와 사회 사이에서 "매개하는 기능"을 지니는 "중간항"을 정치 제도 안에 끼워 넣어 양자의 충돌을 미연에 방지하고자 한다(302절 주해).

국가와 사회의 매개와 구별──국가(3)

이러한 "매개 기관"은 바로 상원과 하원으로 이루어지는 양원제의 틀이다(302절, 312절). 우선 상원 의원은 "실체적 신분"이라고 불리는 세습 재산을 지니는 귀족들로 이루어지며, "왕위와 사회의 지주"로서 군주·정부와 인민을 매개한다(305-307절). 헤겔은 상업 이익이 정치 영역에 침입하는 것을 저지하는 역할을 세습 귀족에게 기대하는 대신, 세습 재산과 장자 상속제를 용인하게 되었다. 하지만 이것은 헤겔이 추상법에서 근거지은 인격 및 소유의 자유와는 서로 양립할 수 없는 것이며, 불철저하게 끝난 프로이센 개혁의 현 상황을 반영하고 있다. 다음으로 하원 의원은 개인 단위의 선거에서 선출되는 것이 아니라 영업 신분에 속하는 동업단체나 자치체를 단위로 하여 선출된다. 이들 단체의 관직을 경험한 자는 실무로부터 얻어진 "국가 감각"을 몸에 익히고 있으며, 특수 이익을 숙지하면서 보편적 이익을 지지하는 자로 기대된다(308-311절). 더 나아가 의회에서의

"의사의 공개"는 주체적 자유를 확대하고 여론에 있어 "최대의 교육 수단들 가운데 하나"로 된다고 생각하여 헤겔은 법률 및 재판의 공개와 더불어 공공성의 관념을 확고하게 지지한다(314절, 315절).

헤겔은 이와 같이 "시민 생활과 정치 생활을 서로 분리하는" 것이 아니라 "시민사회의 직업 신분들(Stände)"을 "정치적 의미의 신분들, 즉 의회(Stände)"에 가능한 한 반영시키게 되면, 의회와 정부가 직접 대결하는 것을 예방하고 다수파의 변덕스러운 기분에 좌우되지 않는 성숙한 결정의 질을 보증할 수 있다고 생각했다(303절 주해, 313절). 동업단체로부터 선출되는 양원제의 구상은 하르덴베르크와 훔볼트 등의 헌법안(1819년)과 기본적으로 일치하지만, 정부와 의회 사이의 관계는 저작에서는 구체적으로 서술되고 있지 않다. 하지만 1817년도의 강의를 보게 되면, 거기서는 의회 다수파의 지지를 얻은 당파가 정부를 구성한다고 상정되고 있으며, 헤겔이 영국 유형의 의원 내각제를 염두에 두고 있다는 것을 알아볼 수 있다.

동업단체와 양원제에 의한 국가와 사회의 매개를 논의하는 한편으로 헤겔은 국가와 종교의 관계를 논의할 때에는 국가와 사회의 구별을 확고하게 견지한다(270절 주해). 헤겔에 따르면 종교는 "신조의 가장 깊은 부분에서 국가를 통치하는 계기"이기 때문에, 그 내용에서 보면 국가의 기초를 이루고 있다. 다른 한편으로 종교는 그 형식에서 보면 다음과 같은 두 가지 점에서 국가와는 다르다.

첫째로, 국가와 교회는 각각 사고·개념과 신앙·감정이라는 인식의 형식에 의해 구별되어야 한다. 헤겔은 가톨릭과 프로테스탄트로의 "교회의 분열"에 의해 국가가 사고의 보편성을 얻었기 때문에, 교회 분열은 사상의 자유에 있어 "최고의 행운"이라고 서술함으로써 프로테스탄트의 입장을 명확히 표명하고 있다.

둘째로, 국가와 종교는 재산·예배와 같은 세속의 영역과 양심과 같은 내면의 영역이라는 관할 영역에 의해 구별되어야 한다. 그리하여 국가는 병역 의무를 거부하는 종파도 관용적으로 인정하고 유대인에게는 공민권을 부여해야 하며, 내셔널리즘 운동에서 활발하게 주창된 유대인 배척의 주장은 "가장 어리석은 짓"이라고 한다. 헤겔은 루터파에게서 보이는 내면과 외면의 이분법에 따라 다른 종파에 대해서도 양심의 자유라는 "주체적 자유의 권리"를 인정해야 한다고 주장하고, 하르덴베르크의 유대인 해방령(1812년)을 지지하고 있으며, 정교 분리에 기초한 "중립적 국가"라는 자유주의적 국가관을 처음으로 정식화했다고 말할 수 있다.

국제 관계론─국가(4)

이렇게 헤겔의 국가론은 주체적 자유에 기초하는 사적 자치의 영역과 실체적 통일을 가능하게 하는 공권력의 기구, 요컨대 시민사회와 정치적 국가를 명확히 분리한 다음, 행정에 의한 위로부터의 규제와 동업단체·자치체에 의한 아래로부터의 조직화에 의해 양자를 매개하는 것이다. 그것은 옛 제국에서 보였던 독일 국법의 사법적 형식, 요컨대 공적 영역과 사적 영역의 미분화를 극복하기 위해 라인 동맹 개혁과 프로이센 개혁의 성과를 풍부하게 받아들여 주체적 자유와 실체적 통일을 함께 실현하는 근대 국가의 제도론을 구상하고자 하는 노력의 성과라고 말할 수 있다.

이에 반해 국가의 대외적 존재방식을 다루는 국제 관계론은 다른 의미에서 시대 체험에 크게 제약되어 있다. 우선 대외적 자립성이야말로 "국민의 제1의 자유, 최고의 명예"이기 때문에, 개인의 생명·재산을 희생해서라도 국가의 주권을 유지해야 할 의무가 있으며, 이 점에 시민사회와의 결정적인 차이가 존재한다(322절, 324절). 그리고 프랑스 공화국과 같이 성공을 거둔 전쟁은 대내 권력을 강고하게 하는 한편, 옛 제국과 같이 대내 주권을 바라지 않는 국민은 타국에 정복된다고, 요컨대 "죽음에 대한 공포로부터 자유는 죽었다"고 말하며 대외 주권과 대내 주권의 불가분성을 날카롭게 지적한다(324절 주해).

더 나아가 국가의 방위를 직무로 하는 군인 신분에 더하여 한 나라의 독립이 위기에 처할 때에는 전 시민의 방위 의무가 생겨난다고 주장한다(325절, 326절). 또한 근대 세계에서는 화기의 발명에 의해 전투 방식이 크게 전환되고 "개인적 용기가 개인적이지 않는 형태로 나타난다"고, 요컨대 기사들의 일대일 승부로부터 보병의 대량 동원에로 변화했다고 지적한다(328절 주해). 여기서 헤겔은 프랑스 혁명에서 나타난 국민국가 원리를 받아들여 상비군을 기본으로 하면서 인민 무장에 의한 국민군이 필요하다고 이야기한다. 다만 주권론자인 헤겔은 "자립적 국가를 이루는 전체에 대한 소망"을 말하고, 독일 통일을 요구하는 사람들에게는 부정적이며(322절 주해), 따라서 프리스와 피히테와 같은 독일 내셔널리스트와는 다른 입장을 취하고 있다.

다음으로 국민국가의 대외적 자립성은 타국에 의한 인정을 필요로 하지만, 이것은 국내 체제의 "정통성"을 인정하는 타국의 의지를 필요로 한다(331절). 그리하여 프랑스 공화국과 같이 군주정의 정통성을 변혁하면 타국의 인정을 이미 기대할 수 없게 되기 때문에, 상호 인정의 파탄으로부터 간섭 전쟁이 생겨난다. 또한 문명 국민이 미개 국민을 "야만인"으로 다루고 타국의 인정을 부정하면, 양 국민들 사이에 "인정을 둘러싼 투쟁"이 일어나며, 이것은 "세계사적 의의"를 지닌다(351절). 헤겔은 정통성 원리를 둘러싼 상호 인정이 성립하지 않는 것이 국가 간 분쟁의 첫 번째 원인이 된다는 점을 날카롭게 지적하고, 혁명전쟁뿐만 아니라 장래의 식민지 해방전쟁까지 내다보고 있다.

또한 주권이 국가 간 관계의 원리인 한에서 국제 관계는 "자연 상태"에 머무르기 때문에, 조약 준수는 이루어야 할 당위에 지나지 않으며 특수한 국가 이익이 최고의 법으로 되고, 이것이 국가 간 분쟁의 두 번째 원인이 된다(333절, 336절). 헤겔은 칸트의 『영원한 평화를 위하여』(1795년)를 비판하여 국가 연합에 의한 분쟁 해결은 국가 간의 합의를 전제하지만,

국가의 행동 원리는 보편적 사고가 아니라 자기 나라의 구체적 실존이라고 주장한다(333절 주해, 337절 주해). 그리하여 합의가 얻어지지 않는 한에서 전쟁에 의한 분쟁 해결이 남지만, 국가 간의 상호 인정은 사절의 존중과 체제 보전, 민간인 보호와 같은 전시 국제법의 형태로 교전국도 규제한다 (334절, 338절). 여기서 헤겔은 그리스도교 공동체서 유래하는 "유럽 공법" 의 관념을 전제하고 오로지 국소 한정적인 전쟁만을 전제하고 있기 때문에, 체제 전환을 목표로 하고 비전투원들을 대량 학살하는 20세기의 전면적인 전쟁까지 내다볼 수는 없었다. 이에 반해 주권을 상호적으로 제한하고 국가 연합에 의한 분쟁 해결을 전제한 칸트의 보편주의적인 구상이야말로 시대를 넘어선 진리성을 증명했다고 말할 수 있다.

마지막으로 세계사에서는 "여러 국민들의 정신"이 특수한 행동 원리에 기초하는 유한한 존재이기 때문에, 유한성이 자각되는 "유한성의 변증법" 을 통해 보편적인 "세계정신"이 나타나 국민정신에 대해 최고의 법을 행사 한다(340절). 이런 의미에서 세계사는 역사를 넘어선 보편적 가치에 의해 여러 국민들이 판가름되는 "세계 법정"(실러)이라고 불린다. 그것은 맹목 적인 운명의 필연성이 아니라 "정신의 자유의 개념으로부터 필연적인, 이성 계기들의 발전", 요컨대 정신의 자유의 발전 단계들을 이룬다(342절).

세계사의 발전 단계들의 담지자가 되는 국민들은 세계사에서 한 번은 지배적 국민이 되어 보편적 원리를 실행하는 역할을 담당하기 때문에 "세 계사적 국민"이라고 불린다. 하지만 좀 더 고차적인 원리가 나타나면 이 지배적 국민도 자국의 패권을 상실하고 쇠퇴 내지 파멸하며, 세계정신은 다른 국민에게로 이행한다(347절). 또한 세계정신의 활동을 담지하는 걸출 한 개인은 무의식적인 가운데 보편적 원리를 실현하는 주체의 역할을 짊어 지기 때문에 "세계사적 개인"이라고 불린다(348절). 그리하여 세계정신이 자기를 대상화하고 자기를 파악하는 발전 단계들에 대해 논의하는 것이야 말로 다음의 역사철학이 짊어진 과제가 된다.

4. 이성 개념의 논쟁적 사용

프리스 비판—『법철학 요강』 서문(1)

지금까지 보아왔듯이 『법철학 요강』의 본문은 플라톤으로부터 몽테스키외, 루소, 칸트를 거쳐 동시대의 할러, 사비니, 슐레겔에 이르기까지 다양한 분야에 걸친 논쟁 상대방들을 다루며 주해에서 비판을 가하고 있다. 그러나 마지막으로 쓰인 서문은 장년의 경쟁 상대인 프리스에게 비판을 집중한 다음, 이성의 현실태라는 유명한 명제를 말하고 있다. 프리스는 1817년 10월의 발트부르크 축제에서 애국적 연설을 행하여 학생들의 내셔널리즘 운동을 선동한 철학자였다. 『법철학 요강』 출간 2년 전의 베를린에서의 처음 강의 서문에서는 사비니 등 역사법학파에 대한 비판이 중심이 되어 봉건 제도에 대한 투쟁의 필요성이 설명되고 있었던 것과 비교하면 (1818년도 강의, 서문), 그것은 확실히 헤겔의 입장이 크게 전환한 것과 같은 인상을 준다.

서문에 따르면 예로부터의 진리를 개념적으로 파악하고 이성적 내용에 형식을 부여하여 자유로운 사고에 대해 정당화할 필요가 있지만, 우리의 시대에는 사고의 자유가 보편적으로 인정된 윤리적 내용으로부터의 일탈을 의미한다고 하는 사고방식이 정착되어 있다. 헤겔은 이것을 "윤리적 세계의 무신론"이라고 부르며 경고한 다음, "스스로를 철학함이라고 부르는 이러한 천박성의 사령관" 프리스의 발트부르크 축제 연설을 집어 들고서는 가족·시민사회·국가라는 윤리의 분절화를 "심정과 우정, 영감의 죽으로 뒤엉키게 만드는" 것이라고 비판한다. 거기서는 프리스가 지도하는 내셔널리즘 운동이 낭만주의적 성격을 띠고 있다는 점이 시사되며, 제2부의 '도덕성'에서 이야기된 낭만주의적 주체에 대한 비판이 반복되고 있다. 그뿐만 아니라 철학은 대학의 관직이라는 "공중에 관계되는 공적 존재"를 지니기 때문에, 정부가 이에 주목하고 철학에 공적 존재를 보증해야 할 것인지 아닐지를 의심하는 것도 당연하다고 말한다. 그리하여 헤겔은 자칭 철학이 현실과 밀접히 관계하게 되어 공적으로 파탄된 것은 "사태의 필연"이며 "학술에 있어 행운"이라고 단언하고, 프로이센 정부가 프리스를 교수직으로부터 파면한 조치를 옳다고 인정한다.

헤겔이 이미 해임된 프리스에 대해 재차 타격을 가하는 비판을 행한 것에는 "데마고그 사냥"이 자기 자신에게 닥치는 것을 피하고, 자기 자신이 얻은 지위를 지킨다고 하는 자기 보신의 의도가 숨어 있었던 것은 아닐까 하는 추측이 이루어져 왔다(로젠츠바이크, 1920). 하지만 그러한 동기의 유무와 관계없이, 플라톤과 같이 정치권력과 일체화하여 정부에 의한 자유 남용의 단속을 추인하는 것이 아니라 칸트가 말하는 "이성을 공적으로 사용하는" 자유, 요컨대 공중에 대한 이성의 자유로운 사용을 끝까지 지켜 내는 것이야말로 소크라테스 이래의 철학자의 있어야 할 모습이었을 것이다.

이성의 현실태──서문(2)

이어서 헤겔은 "현실에 대한 철학의 관계"를 주제로서 다루고, 철학은 피안적인 것의 제시가 아니라 실제로 존재하는 현실적인 것의 파악이라고 서술한다. 즉 "이성적인 것은 현실적이고, 현실적인 것은 이성적이다." 플라톤의 국가마저도 그리스적 윤리의 본성을 파악한 것이었듯이 있어야 할 국가를 구성하는 것이 아니라 "실제로 존재하는 것을 개념적으로 파악하는 것이야말로 철학의 과제이다." 개인이 "그의 시대의 아들"인 것과 마찬가지로 철학도 "그의 시대를 사상 속에서 파악한 것"이기 때문에, 그 둘 다 시대의 보이지 않는 분위기에 좌우되며 자신의 시대에 깊이 제약되어 있다. 이러한 시대에 의한 제약을 망각하고 철학이 현재의 세계를 넘어서고자 하는 것은 개인이 자신의 시대를 넘어서고자 하는 것과 마찬가지로 어리석인 일이다. 오히려 "현재라는 십자가 속의 장미"로서 이성을 인식하는 것('십자가'는 고난의 상징, '장미'는 행복의 상징을 의미한다), 요컨대 고난으로 가득 찬 현실 속에서 이상의 가능성을 발견하는 것이야말로 "철학이 주는 현실과의 화해"이다. 그리하여 헤겔은 자신의 시대를 넘어서서 미래 구상을 말하고자 하는 유토피아 논자들에 대해 이솝 우화의 이야기, 즉 "여기가 로도스 섬이다, 여기서 뛰어라"의 말을 바꾸어 "여기에 장미가 있다, 여기서 춤춰라"라고 말하고, 현실의 엄혹함을 정면에서 마주하도록 경고한다.

따라서 있어야 할 세계를 가르치기에는 철학은 너무 늦게 도래한다. 오히려 현실이 완성되기를 끝내고 그 끝을 맞이했을 때에라야 비로소 철학은 '황혼'에 다다른 성숙한 현실을 지성의 힘, '미네르바'에 의해 파악할 수 있다. 즉 "미네르바의 부엉이는 황혼이 깃들 무렵에야 비로소 날기 시작한다." 여기서 '미네르바'는 로마 신화의 지성의 여신, '부엉이'는 여신에게 봉사하는 성스러운 새를 의미한다. 최근의 구체적인 예를 들자면, 2008년 9월의 금융 위기를 경험하고서야 비로소 우리는 우리가 얼마나 신자유주의 시대에 의해 제약되어 있는지를 점차 이해할 수 있게 되었다. 이것은 '미네르바의 부엉이'의 가장 새로운 사례라고 말할 수 있다.

이성의 현실태라는 명제는 프로이센 정부의 프리스 파면을 용인한 직후에 말해지고 문교부 장관 알텐슈타인으로부터 칭찬받았기 때문에(1821년 8월 24일자 서간), 헤겔에게는 "프로이센의 국가 철학자"라는 레테르가 붙여지는 결과가 되었다. 1827년에 헤겔은 이러한 오해에 대응하여 이성이 실현된 상태라는 의미의 '현실'을 우연적인 요소를 포함한 '현존재'로부터 구별할 것을 요구했지만(『엔치클로페디』 제2판, 8절), 서문에서 이러한 구별이 이루어져 있다고는 말하기 어렵다. 이에 반해 본문에서는 프랑스 혁명 후에 달성된 국가와 종교의 화해를 "현실적 이성"이라고 부르고 있어(270절 주해, 360절), 이성의 현실태라는 명제가 프로이센 복고 정신을 정당화하는 의도가 아니었다는 것은 확실하다.

그러한 헤겔 비판의 대표자 하임은 "헤겔 정치학은 복고의 국가와 화목하고 아헨, 칼스바트, 빈의 정치가들에게 협력하는 것을 선택하지 않으면, 슈타인, 훔볼트와 같은 사람들을 증인으로 내세울 것이다"라고 말하고 있다(하임). 하지만 『법철학 요강』의 내용 전체를 알게 된 독자는 헤겔이 "현실적 이성"이라고 부른 국가가 "복고의 국가와 화목할 것을 선택"하기는커녕, 오히려 "슈타인, 훔볼트를 증인으로 내세우는" 작업을 실제로 행하고 있다는 것을 이해할 수 있을 것이다.

제4장 프로이센 국가와 『역사철학 강의』

베를린 시대의 헤겔

1819년 여름의 칼스바트 결의에 의해 대학생 학우회 운동이 탄압당한 후, 프로이센은 입헌 국가로의 길을 단념하고 오랜 복고 시대로 들어가게 되었다. 1820년 5월에 채택된 빈 최종 규약은 군주정 원리를 기본 원칙으로서 확인하고, 다음 해인 1821년 6월에 프로이센 정부는 1815년에 약속한 헌법 제정과 국민 대표 의회를 무기한으로 연기한다. 이렇게 개혁기로부터 복고기로 시대가 크게 전환되는 시기에 칼스바트 결의로 인해 인쇄를 연기한 『법철학 요강』이 뒤늦게 출간되어 프로이센 복고 정신에 학문적 거처를 제공한 것이 아닐까 하는 의심을 받게 되었다. 하지만 헤겔은 바로 복고기 프로이센의 수도에서 "현재라는 십자가 속의 장미"로서 "역사에서의 이성"을 파악하는 노력을 개시하는 것이다.

1820년대의 헤겔은 베를린 대학에서 논리학과 자연철학 그리고 법철학 외에 역사철학, 미학, 종교철학, 철학사를 반복해서 강의했다. 그 강의들은 평판을 불러 일으켜 독일뿐만 아니라 유럽 각지로부터 수많은 청강자들을 불러 모으고 다수의 신봉자들을 낳았다. 특히 1822년도부터 격년으로 모두 5회에 걸쳐 「세계사의 철학」이라는 제목으로 행해진 역사철학 강의는 역사 전체 안에서야 비로소 현재를 파악할 수 있다고 이야기하는 점에서 당시 가장 인기가 있었을 뿐만 아니라 관념이 현실을 결정하는 관념론의 위력을 보여주었다는 점에서 가장 커다란 영향력을 후세에 끼쳤다. 베를린 대학의 강의들은 헤겔 사후에 청강생들의 필기록들을 토대로 하나의 글로 편집되어 최초의 『헤겔 전집』에 수록되었다(『역사철학 강의』는 1837년에 초판이, 1840년에 제2판이 출간되며, 후자가 이후의 저본이 되어 있다). 하지만 근간에는 년도마다의 필기록으로 나누어 다시 편집하여 새롭게 출간하는 작업이 진행되고 있다.

베를린 대학 강의들 중에서 가장 중요한 『역사철학 강의』에 대해 말하자면, 근간에 출간된 최초년도인 1822년도 강의록은 처음의 서론과 오리엔트 세계론에 커다란 비중을 할애하고 있기 때문에, 마지막의 게르만 세계론을 아는 데서는 최종년도인 1830년도 강의록이 반드시 필요하게 되지만, 그것은 아직 출간되어 있지 않다. 본 장에서는 아들인 칼 헤겔이 필기한 1830년도 강의록을 현지에서 해독한 저자의 연구 성과(곤자, 제3장)에 기초하여 제1절에서는 최초년도 강의의 서론, 오리엔트 세계론, 그리스·로마 세계론을, 제2절에서는 최종년도 강의의 서론, 게르만 세계론을 소개함으로써 헤겔 역사철학 강의의 전체상을 분명히 하고자 한다.

1. 1822년도 강의와 정신의 자유의 자각

역사의 궁극 목적—정신의 자기 인식

1822년도 강의의 서론에서 헤겔은 칸트를 따라 역사를 넘어선 이념, 요컨대 "궁극 목적"을 상정함으로써 비로소 세계사를 통일적으로 이해할 수 있다고 하는 사고방식을 표명하고 있다. 그리고 세계사를 통일적으로 파악하기 위한 이념을 "역사에서의 이성"이라고 부르며, 이것을 아버지·아들·성령의 삼위일체설에 비유하여 "타자에게서 자기 곁에 있다"고 하는 정신이 자기 자신을 인식한 상태라고 설명하고 있다(1822년도 강의b, 21쪽, 32쪽). 요컨대 아버지인 신이라는 단순한 실체로부터 아들에서의 주체의 분열과 자기 대상화를 거쳐 정신(즉 성령)에서의 재통일로 자기 파악에 이르는 길이 세계사가 지향해야 할 궁극 목적이라는 것이다. 이러한 정신의 자기 인식은 헤겔에게 있어 신의 이념의 인식일 뿐만 아니라 인간 자신의 자기 인식이기도 하다는 이중의 의미를 지닌다. 왜냐하면 종교의 참된 이념은 그리스 예술과 그리스도교에서 보였듯이 "신성과 인간성의 통일"이며, 신의 참된 이념은 유대교와 이슬람의 일신교와 달리 "의식을 넘어선, 의식의 바깥에 있는 피안이 아니라는" 점에 놓여 있기 때문이다(85쪽 이하).

헤겔에 따르면 세계사에서 발견되는 다양한 국민들의 정신은 그 자신이 하나의 세계정신이 걸어가는 필연적인 발전 단계를 이루고 있으며, 일정한 지리적 위치를 지닌다(15쪽). 요컨대 인류는 그 유년기에 해당되는 오리엔트 세계로부터 출발하여 청년기의 그리스 세계와 장년기의 로마 세계를 거쳐 노년기의 게르만 세계에 이른다. 바로 이러한 인류의 자기 인식의 발전 단계들이야말로 세계사의 원리를 형성한다고 한다.

이들 네 개의 세계사적 국민들로 세계사를 구분하는 방식은, 그 하나는 오리엔트의 전제정, 그리스·로마의 공화정(즉 민주정과 귀족정), 게르만의 군주정이라는 몽테스키외의 국가 체제사적인 구분에 의해서이며(80쪽 이하), 또 하나는 오리엔트의 자연종교, 그리스의 예술종교, 로마의 계시종교라는 『정신현상학』의 종교사적인 구분에 의해서이다. 그리하여 우선 오리엔트로부터 그리스, 로마에 이르는 최초의 세 개의 단계들이 정신 개념의 표명을 통해 정신의 자유가 자각되는 과정으로서 통일적으로 이해될 수 있다는 것을 살펴보도록 하자.

오리엔트 세계론—자연종교의 정신화

헤겔은 오리엔트 세계론에서 중국·인도·페르시아·이집트의 각각의 세계를 취급하지만, 이들 네 개의 세계는 모두 다 부정과 긍정의 두 측면을 지닌다고 한다. 종교 개혁에서 얻어진 주체적 자유의 입장으로부터 오리엔트 세계의 부정적 측면이 가차 없이 비판되는 한편, 오리엔트 세계에 내재하는 긍정적 측면은 그리스-로마 세계로 받아들여져 그리스도교적 진리의 불가결한 요소, 즉 전체의 계기를 이루게 된다.

우선 중국은 다른 나라들과의 관련을 지니지 않으며, 오로지 자기 나라 내부에서 자기 완결적으로 문화를 형성했다. 그로 인해 중국은 5000년 동안이나 가장 오랜 역사를 유지하고 있으며, 가장 오랜 역사가 가장 새로운 현재를 이룬다고 하는 의미에서 "도대체 역사를 지니지 않는다."(12쪽 이하) 중국의 국가 원리는 가부장제적인 관계에 기초하고 있으며, 부모에 대한 자식의 의무를 영속화하는 점에 놓여 있다. 거기서는 조상 숭배가 무엇보다도 존중되고 자식은 "영원히 미성년"에 머무는 한편, 황제는 가부장으로서 무제한적인 권력을 행사한다(132쪽 이하). 더욱이 법과 도덕이 분리되지 않고 양자가 직접적으로 통일되어 있기 때문에, 도덕적인 사항이 국가의 법률에 의해 명령된다(142쪽 이하). 여기서는 법률에 의해 명령하는 것이 가능하지 않은 "불가침한 내면성의 영역"이 부재하며, 참된 도덕성에 해당되는 "주체적 자유의 원리"가 인정되고 있지 않다. 그리하여 중국은 개인의 명예를 존중하지 않는 "미성년의 국민"이라고 결론 맺어진다(149쪽). 다른 한편 중국 유교에서 발견되는 '천'(天)의 관념은 구약성서의 신 야훼에 합치하는 사상의 표현으로서 높이 평가된다(159쪽).

다음으로 인도는 다른 세계에 대해 열려 있다는 점에서 "세계사적 국민"으로 불린다. 여기서는 국가의 직무가 다양하게 분할되어 구별되지만, 카스트 제도는 개인의 선택을 인정하지 않고 출생에 기초하는 구별이라는 점에서 플라톤의 국가와 마찬가지로 "주체적 자유"를 결여하고 있다(175쪽). 인도의 힌두교는 모든 감각적인 것을 신격화하고 신을 제한 없이 감각화한다는 점에서 모든 것을 신의 육화로 보는 "보편적 범신론"으로 이해된다. 그리고 그것은 다수의 신들을 감각적 형태로 숭배하는 "우상 숭배"로서 물리쳐진다(169쪽, 199쪽). 다른 한편 불교와 티베트 불교에서는 신의 감각화가 일자로 집중되어 특정한 인간을 신으로서 숭배하는 현상이 보인다. 이것은 인간이 신 안에서 자기 자신을 인식하는 "자유의 고차적인 상태"라고 불리며 높이 평가된다(170쪽, 229쪽 이하). 이러한 힌두교와 불교에 대한 최초의 이해는 후에 훔볼트 강의 서평(1827년)을 거쳐 크게 전환되게 된다.

셋째로, 페르시아 제국은 여러 국민들을 다양한 방식으로 구별하여 지배하는 한편, 이들을 통일점에 의해 결합한다는 점에서 인도와 중국의 양 원리를 종합하고 있다. 우선 빛을 숭배하는 조로아스터교는 감각적인 것을 내면화하는 페르시아인의 고차적인 입장을 보여주며, 거기서 보이는 선과 악, 빛과 어둠의 절대적 대립이라는 "동양의 이원론"은 사상의 욕구의 나타남으로서 높이 평가된다(240쪽 이하). 더 나아가 유대교는 조로아스터교를 정신화하고 신을 순수한 사상으로서 비로소 파악한 것이며, 여기서 자연으로부터 정신에로 "동양의 원리가 전환되는 순간"이 시작된다고 한다(267쪽).

마지막으로 이집트는 무엇보다도 스핑크스 상으로 상징된다. 인간의 형태가 동물의 신체로부터 달아나도록 하는 스핑크스의 모습은 동물로부터 탈출하고자 하면서 정신은 부자유에 머무르는 이집트 정신의 양의성을 보여준다(293쪽). 동물의 생명을 숭배하는 이집트인의 생명 숭배는 신을 파악할 수 없는 피안의 존재로 간주하는 "정신의 부자유함"을 보여준다. 이에 반해 자기 자신을 파악하는 "정신의 해방의 입장"은 그리스인과 그리스도교도에 의해 비로소 달성된다고 한다(288쪽, 291쪽). 또한 이집트인은 언뜻 보면 영혼의 불사와 사자의 심판 관념을 알고 있는 듯이 보인다. 하지만 사후의 인간의 영혼이 동물의 신체로 이행한다고 생각되는 점에서 영혼이라는 시간을 넘어선 내면적 존재는 아직 부재하며, 이집트인의 사자의 심판은 살아 있는 자가 죽은 자를 심판한다는 점에서 "우리의 최후의 심판과도 달랐다."(302-304쪽) 따라서 이집트인은 "자기 자신을 보편자로서 파악하는" 데까지는 되지 못하고 있다는 점에서 무의식적 충동 속에서 살아가는 "충동에 내몰린 소년"에 비유된다(309쪽).

그리스 세계론—오리엔트의 창조적 계승

이와 같이 오리엔트 세계에서는 범신론으로부터 일신교로 자연종교가 정신화하는 움직임이 보였다. 이에 반해 그리스 세계는 외부의 오리엔트 문화를 받아들여 그로부터 독자적인 문화를 창출했다고 헤겔은 생각한다. 헤겔은 오이디푸스가 스핑크스가 낸 수수께끼(요컨대 아침에 네 발, 낮에 두 발, 밤에 세 발로 걷는 것은 누구인가라는 수수께끼)를 풀었다고 하는 소포클레스 비극의 일화에 주목한다. 그리고 이 일화를 해석하여 그는 그리스인이 이집트인으로부터 "인간이여, 자기 자신을 알라"라는 정신의 자기 인식의 과제를 받아들이며, 이것을 태양신 아폴론의 명령으로서 델포이의 신전에 써놓았다고 이해한다(311쪽 이하). 그리하여 그리스 세계에서는 다음과 같은 특색들이 보인다.

첫째로, 고대 그리스에서는 중국과 같은 가부장제적인 가족 관계가 존재하지 않았기 때문에, 개인은 집안에 의지함이 없이 자기표현에 의해 타자로부터 인정받고자 하여 평화로운 경쟁을 전개했다. 하지만 그리스인에게는 자기 반성하는 내면성이 발견되지 않고 개인의 특수 이익도 인정되지 않았기 때문에, 오리엔트의 전제정 대신 특수 이익보다 공공 이익이 우월한 민주정이 성립했다(334쪽 이하, 355쪽 이하).

둘째로, 그리스인의 종교는 자연과 정신의 실체적 통일이라는 오리엔트 원리로부터 벗어나는 노력으로서 이해되며, "미로 이상화된 인간"이야말로 그리스인에게 있어 신이라고 생각되었다. 그리하여 그리스 종교는 아직 다신교를 포함하고 있으며, 새로운 신들에게도 오랜 자연종교에 특유한 자연력의 자취가 남아 있었다(339쪽, 344쪽, 346쪽). 왜냐하면 그리스인은 오리엔트 문화라는 "이질적인 것"을 계승하고 이것을 자기 자신에서 "가공"하여 새로운 문화를 창조했기 때문이다(331쪽, 347쪽). 이러한 다른 문화의 창조적 계승에 주목하는 헤겔의 관점은 그리스 신화의 기원을 이집트와 시리아 그리고 인도로까지 소급하는, 하이델베르크 대학의 동료 크로

이처가 주창한 학설을 근거로 하고 있다(크로이처, 1819-21). 헤겔 자신은 크로이처에 의한 그리스 문화의 외부 기원설과 그 비판자에 의한 자기 창조설 사이의 최근의 논쟁에 대해 언급하고, "이질적인 것의 가공"이라는 테제에 의해 양자를 조정하는 입장을 취하고 있다.

셋째로, 그리스인은 "신성과 인간성의 통일이라는 그리스도교적 이념"을 아직 알고 있지 못했다. 요컨대 그리스 종교의 결함은 "아직 충분하게 신인 동형설적이지 않았다"는 점, 신이 현실의 인간의 형태를 취해 나타나 있지 않다는 점에 놓여 있는 것이다. 인간은 "신의 닮은 모습"으로서 본래적으로 자유라고 하는 "정신의 개념"이 그리스인에게는 결여되어 있었다. 따라서 그리스 사회는 노예제를 계속해서 유지할 뿐만 아니라 신탁이라는 "결단의 조언자"에 의지할 수밖에 없었다(1822년도 강의b, 342쪽 이하, 352쪽 이하).

넷째로, 소크라테스에게서 사상에 의한 자기 파악의 요구가 시작되고, 도덕성이라는 내면세계가 발견되어 현실세계는 외면화되게 된다. 그리고 호메로스와 헤시오도스가 그리는 것과 같은, 신들이 친자들 사이에서 서로 죽인다든지 악을 행한다든지 하는 이야기를 추방시키라고 하는 플라톤의 요구는 절대자의 사상에 대한 요구로서 해석된다(381쪽 이하). 소크라테스와 플라톤의 이러한 요구는 후에 스토아주의에 의한 내면화와 "불행한 의식"에서 보이는 일자에 대한 소망이라는 형태를 취하며, 로마 제국에서 일신교를 받아들이는 매체가 된다(424쪽, 429쪽).

로마 세계론——그리스도교에 의한 정신의 자유의 표명

이렇게 그리스 세계는 오리엔트 문화를 창조적으로 계승한 소산으로 평가되는 한편, 이교 세계의 일부로서 탈신화화되어 그리스도교와 다른 그 불완전한 면이 강조된다. 이에 반해 로마 세계에서는 그리스도교에 의해 정신 개념이 비로소 표명되어 그리스인으로부터 이어받은 정신의 자기 인식이라는 과제가 해결된다.

첫째로, 로마인의 습속·법·국가 체제는 모두 다 개인을 추상적 인격으로서 추출하는 것에 기여하는 것이었다. 예를 들면 가족애와 같은 일체의 자연적 감정을 압살하고 국가의 명령에 완전히 복종하는 "수동적인 엄격함"이 로마인의 위대함의 원천을 이룬다. 그리고 로마인의 "부자유하고 심정 없는 지성"은 오리엔트에서 유착되어 있던 도덕과 법 사이의 분리를 성취하여 "추상적 인격"이라는 법에 고유한 영역을 끄집어냈다(397쪽, 400쪽 이하). 또한 귀족과 평민의 보호 관계에 기초하는 로마 공화정은 "귀족정으로서는 최악의 국가 체제"라고 불리며, 그리하여 군주정·귀족정·민주정을 조합시킨 혼합 정체라는 폴뤼비오스의 공화정 이해가 물리쳐진다(411쪽). 그리고 로마 공화정은 최악의 귀족정이었기 때문에, 카이사르라는 "세계사적 개인"을 담지자로 하여 제정에로 이행하는 것은 필연적이었다고 분석된다. 로마 황제는 추상적 인격으로 해체된 뿔뿔이 흩어져 있는 개인을 통합하는 "추상적 보편"이며 "현세의 신"이라고도 불린다(416쪽 이하, 424쪽). 이러한 로마 제정의 존재방식은 일자를 대망하는 "불행한 의식"을 산출하고 그리스도교를 수용하는 사회적 배경이 된다.

둘째로, 그리스도교에 의해 비로소 신의 본질이 아버지-아들-정신의 삼위일체로서 계시된다. 헤겔에 따르면 신의 인간화(육화)의 교의는 오로지 그리스도교에게만 특유한 현상으로서 이해될 수 있다. 그리고 그리스도교의 신이 인간 예수의 모습을 취해 나타남으로써 정신의 자기 인식이라는 이집트 이래의 과제가 해결되었다(427쪽). 하지만 유대교의 구약적인 전통에 따라 자연본성을 부정하는 것에 의해 비로소 인간은 자신이 "신의 닮은 모습"이라고 인식하고 신과의 통일을 확신할 수 있다. 이러한 일신교의 관점으로부터 예수의 부활이라는 인간의 신격화 논리가 참으로 이해될 수 있게 된다(428쪽, 430쪽). 그리하여 그리스도교에 의해 신의 본질이 타자임과 동시에 내적인 본질과 같은 자기 자신의 타자로서 파악되며,

인간이 본래적으로 자유라고 하는 "정신의 개념"도 비로소 표명되었다고 한다(420쪽 이하). 여기서 헤겔은 그리스도교가 오리엔트의 일신교적 전통을 수용하고, 이것을 헬레니즘적으로 변용시킴으로써 성립했다고 하는 종교사적 기원을 적확하게 파악하고 있다.

헤겔은 한편으로 이스라엘에서의 일신교적 관념의 출현을 "세계사적 원리"라고 명명하고, 서양은 그리스도교 세계의 "친부모"지만, 동양이야말로 "좀 더 고차적인 정신적 부모"이며, "로마인은 그리스도교를 오리엔트로부터 받아들였다"고 지적한다(425쪽, 460쪽). 여기서는 서구 그리스도교의 기원이 본래 중동 팔레스타인이라는 외부의 세계, 요컨대 해가 떠오르는 나라 오리엔트에서 유래한다고 하는 역사적 진리가 통찰되고 있다. 지중해 세계에서는 오리엔트와 그리스, 동양과 서양이라는 두 개의 원리가 통합되고 융합하게 되었다. 이로부터 "세계사는 동쪽에서 해가 떠오르고, 서쪽에서 자기에게로 그 해가 진다"고 하는 세계사의 진행에 관한 유명한 명제의 의미도 이해될 수 있다고 한다(426쪽).

하지만 헤겔은 로마 세계에서의 일신교적 전통의 수용을 중시하는 한편, 이스라엘의 초월자 관념이 구체적 내용을 결여한 추상물에 머무른다는 점을 날카롭게 비판한다(429쪽). 헤겔에 따르면 유대교는 이슬람 및 칸트 철학과 마찬가지로 신의 이념을 피안의 추상물—요컨대 가까이 가기 어려운 "철의 장벽"—로 간주하는 "분리의 종교"이다. 그것은 불교와 그리스 예술과 같은 "신성과 인간성의 통일"의 이념을 알고 있는 "통일의 종교"가 아니다(85쪽 이하).

그리하여 페르시아나 이스라엘의 종교와 불교나 그리스의 종교는 그 어느 것이건 다 부분적으로 참이고 일면적인 진리에 지나지 않는다고 자각되게 되면, 전체적 진리의 불가결한 요소로서 그리스도교적 진리 안으로 종합된다. 이와 같이 그리스도교가 신과의 분리와 통일, 아버지와 아들의 이반과 화해를 전체의 계기로서 통일하고 있다는 점은 무엇보다도 삼위일체설의 교의에 훌륭하게 제시되어 있다. 이리하여 헤겔은 대립하는 양

규정의 자기 부정과 긍정적 통일이라는 변증법의 사고양식을 세계 종교의 이해에도 적용하고, 이로부터 로마 세계까지의 세계사의 진행을 파악하는 것이다.

셋째로, 그리스도교의 원리는 이것을 발견한 지중해의 로마인이 아니라 북방의 게르만인을 담지자로 하여 실현되어 간다. 헤겔은 영적 세계와 세속 세계의 분열을 비롯한 "그리스도교의 세속적 귀결"이야말로 "현대에 이르기까지의 역사"를 이룬다고 지적하고, 이어지는 게르만 세계가 그리스도교 원리를 실현해야 할 사명을 짊어진다고 예고한다(436쪽).

발전 단계설과 문화 접촉설

그런데 세계사에 대한 견해에는 크게 나누어 발전 단계설과 문화 접촉설이라는 두 가지가 있다(여기서는 니체파의 역사＝이야기론 등은 제외한다). 하나는 세계사를 인류가 궁극 목적을 향해 시간 축을 따라 걸어가는 발전 단계의 사다리로 파악하는 견해이다. 지금까지는 1830년도 강의의 서론이 보여주듯이 세계사를 인류가 자유의 이념을 의식하고 실현하는 과정으로 간주하는 헤겔의 역사철학이야말로 이러한 발전 단계설의 모델이라고 생각되어 왔다.

이에 반해 인류사는 공간적으로 병존하는 다양한 문화권들이 상호적으로 영향작용을 끼치는 과정으로 파악될 수도 있다. 이러한 세계사에 대한 또 하나의 견해가 주변국이 중심국의 고차적인 이문화와 만나고 타자의 성과를 받아들여 새로운 발전을 거두어 간다고 하는 문화 접촉설이다. 예를 들면 동아시아의 나라들이 19세기에 "서구의 충격"을 받아 자국을 개방하고 서구 문화를 수용한 "개국"이라는 역사적 현상은 문화 접촉의 역사적 형태들 가운데 하나로 볼 수 있다(마루야마(丸山), 1984).

지금까지 살펴본 1822년도 강의의 오리엔트·그리스·로마 세계론은 전자의 발전 단계설만으로 환원될 수 없다. 오히려 후자의 문화 접촉설에 의한 해석의 가능성에 열려 있다는 것이 드러난다. 특히 로마 세계에서 보인 동서 양 원리의 융합이란 이질적인 두 개의 문화가 만남으로써 쌍방의 관점을 융합한 높은 지평에 도달할 수 있다고 하는, 문화 접촉에서 체험되는 "지평 융합"의 사건을 의미한다. 여기서 "지평 융합"이란 고전적 예술 작품을 해석하는 방법으로서 독일의 철학자 가다머가 제시한 개념을 다른 문화를 수용하고 대화하는 문화 접촉설의 맥락에 적용한 것이다(가다머, 1960).

그리고 로마 세계에서의 문화 접촉의 모델로 여겨진 것이 이질적인 요소들을 받아들여 자기 스스로 가공하고 재창조해 나간 그리스인의 개방적이고 창조적인 정신이다. 중국 문화가 자기 완결적이었던 것과 달리 그리스인의 자유로운 정신은 이질적인 것으로부터 비로소 성립했다. 요컨대 이질성의 요소는 세계사적 국민에게 있어 본질적인 것이다(318쪽 이하). 거기서는 자연적 소재를 가공하여 정신의 자기표현으로 높이는 "조형 예술가"라는 그리스 예술의 이념이 간취된다고 한다.

생각해 보면 유럽인의 역사도 그리스인과 마찬가지로 르네상스와 종교 개혁을 비롯하여 타자의 이문화에 자기 나라를 열고 그로부터 고차적인 문화를 재창조한다고 하는 문화 접촉의 반복이었다고 말할 수 있다. 헤겔도 유럽사를 "교양(Bildung, 도야·형성)의 전통의 연쇄"라고 부르면서 훔볼트에게서 시작되는 신인문주의적인 교양 이념을 다음과 같이 표명하고 있다. "우리는 로마인에 의해, 로마인은 그리스인에 의해 형성되었다. 하지만 우리가 받아들인 것은 동시에 우리에게 있어 이질적인 것이며, 우리는 그것을 스스로 창조함으로써 새로운 것을 형성했다."(331쪽)

2. 1830년도 강의와 정신의 자유의 실현

자유 의식의 진보로서의 세계사

헤겔은 1822년도, 24년도, 26년도, 28년도의 강의를 거친 후, 1830년도 겨울 학기에는 다섯 번째로 최후의 역사철학 강의를 행한다. 최초년도 강의의 서론이 정신의 개념으로부터 역사의 궁극 목적을 도출했던 데 반해, 최종년도 강의 서론은 자유의 개념으로부터 세계사의 목적과 그 단계 구분을 끌어낸다는 점에 특색이 있다.

헤겔은 "정신의 본질은 자유다", "자유만이 정신의 최고의 규정이다"라고 말하고, 정신의 개념은 타자에 무엇 하나 의존함이 없이 "자기 자신 곁에 존재하는 것", 요컨대 정신이 자기 자신을 아는 자기 인식이라고 정의한다. 이것은 『법철학 요강』의 서론과 마찬가지로 자유 의지를 선택하는 능력으로서 주의주의적으로 이해하는 것이 아니라 자기 자신을 아는 사고 활동에 의해 주지주의적으로 근거짓는 자유에 대한 견해이다.

그리고 자유의 의식에서의 몇 개의 단계들을 구별하는 것으로부터 오리엔트 세계-그리스 · 로마 세계-게르만 세계라는 세계사의 세 개의 구분을 도출한다. 우선 "오리엔트인은 한 사람이 자유라고 알고 있을 뿐"으로 "한 사람의 자유인은 전제 군주였다." 다음으로 "그리스인은 약간의 사람들이 자유라고 알고 있었던 데 지나지 않으며", 그 모두 다 "인간이 본래적으로 자유라는 것을 알지 못했으며, 알고 있지 못하기 때문에 현실적으로 자유가 아니다." 이에 반해 "게르만 국민들은 그리스도교에 의해 자유라고 인식되었기" 때문에 "이 종교를 현세에서 실현하는 것이 그리스도교의 시작으로부터 현대에 이르기까지의 장구한 험난한 노동이다."(하이만, 2005)

이에 이어 강의 후에 쓰였다고 추정되는 초고에서는 자유의 개념으로부터 그 실현의 필연성을 도출하는 유명한 구절이 보인다. "세계사는 자유의 의식에서의 진보다. 우리는 이 진보의 필연성을 인식해야만 한다." 헤겔은 자유의 개념이란 "자기를 아는 것"이기 때문에 그 안에 "자기를 의식하고 실현하는 무한한 필연성"을 포함한다고 지적한다(아카데미 판 전집 18권, 153-154쪽).

1830년도 강의의 서론에서는 이렇게 역사의 궁극 목적이 정신의 개념이 아니라 자유의 개념에 의해 새롭게 설명된다. 이에 수반하여 신학적 동기도 삼위일체설이 아니라 신정론이라는 신의 정당화 교의로 대체된다. 아우구스티누스 이래의 교의가 "신을 인식하는 것은 가능하지 않다"고 가르쳐 온 것에 대해 헤겔은 "그리스도교는 신을 인식하도록 명령했다"고 반론한다. 그리고 역사에서의 신의 인식을 "신정론"이라고 부르면서 "우리는 신정론, 즉 신의 정당화가 세계사에 의해 성취되는 것을 의도하고 있다"고 선언한다. 그러면 "자유의 의식에서의 진보"로서의 세계사가 어떻게 해서 신의 정당화 작업을 의미하는 것일까? 계속해서 살펴보도록 하자.

하지만 그 전에 어째서 헤겔은 역사에서의 자유의 실현을 새삼스럽게 '신정론'이라고 명명했던 것일까? 그 이유는 이전의 친우 셸링의 신정론과 대결하고자 하는 의도로부터 가장 잘 설명될 수 있다. 셸링은『정신현상학』보다 2년 후에 출간된『인간적 자유의 본질에 관한 철학적 탐구』에서 선과 악을 선택하는 "실질적 자유"와 자기 결정하는 "형식적 자유"를 구별한다. 그리고 자연본성의 무의식적 충동(생성하는 자연이라고 불린다)에 의해 내몰린 생의 불안으로부터 악을 선택하는 자유가 생겨나지만, 이에 반해 인간이 자기 결정하는 자유는 오히려 신의 자유로운 결단으로부터 필연적으로 생겨난다고 논의했다(셸링, 1809). 여기서 셸링은 세계의 악은 인간의 자유 의지의 귀결이라고 하는 아우구스티누스의 전통적 신정론을 계승하고 있다. 그리고 그는 참된 인간적 자유란 신의 자유로운 은총을 기다려서야 비로소 얻어진다고 하는 교조주의의 입장, 즉 "신 안의 인간"의 입장으로부터 인간 이성의 자율적인 능력을 부인하고 인간의 자유를 신의 자유로 해소해 버린다.

이에 반해 헤겔은 직접지의 철학자 야코비를 따라 "인간의 내적인 정신만이 신에 대해 증언한다"고 하는 프로테스탄트적인 내면성의 입장, "인간 안의 신"의 입장을 취한다(아카데미 판 전집 제15권). 그리고 세계는 신이 선택한 최선이며, 인간 이성도 최선을 선택할 수 있다고 하는 라이프니츠의 새로운 신정론을 받아들여 독일 계몽의 이념에 따라 이성의 자율로부터 인간의 자유를 근거짓고자 한다. 그리하여 그리스도교에 의해 인간성과 신성의 통일이 '정신'으로서 자각되고 인류가 '신의 닮은 모습'이라는 자유의 의식에 도달하는 것이 새롭게 '신정론'으로 불리게 된다.

게르만 세계론——교권제와 십자군

1830년도 강의의 게르만 세계론은 로마 세계에서 얻어진 자유의 의식이 게르만인을 담지자로 하여 차례로 실현되어 가는 과정을 논의한다. 그것은 종교사적 관점에서 보면, 신의 인간화(육화)의 논리에 의해 그리스도교 원리가 현실의 것으로 된다고 하는 넓은 의미의 '세속화' 과정으로서 이해될 수 있다. 또한 그것은 국가체제사적인 관점에서 보면 봉건적인 할거 상태를 극복하고 통일적인 주권을 창립하는 정치적 통일의 과정으로서 이해될 수 있다. 그리고 이러한 이중의 과정은 이성과 종교가 '분열'을 거쳐 '화해'에 이르는 과정을 이룬다고 처음에 예고된다.

게르만 세계의 제1기·고대에서는 게르만 민족의 대이동과 프랑크 왕국의 형성이 논의된 후에, 제2기·중세에서는 프랑크 왕국에 대한 반동으로서 봉건 제도의 형성과 가톨릭교회의 세속 지배가 설명된다. 특히 교회 내부의 성직자 지배('교권제'라고 불린다)에 의해 자유의 원리가 전도된다는 점이 엄혹하게 비판된다. 가톨릭교회는 성찬(미사)에서 분여되는 빵에서 신과 인간의 통일이 나타난다고 간주하기 때문에, 신성한 것은 외면적인 사물로 감각화되며, "신성한 사물을 소유하는 성직자와 이것을 받아드는 평신도의 분리"가 생겨난다. 그리고 성직자나 성자를 통해 신과 인간의 매개가 시도되기 때문에, 양자의 매개라는 자유의 원리는 예종의 원리로 전도된다. 그리하여 평신도는 후견인에게 "최대한으로 의존하는 상태"에 빠지는 한편, 교회는 "양심의 대행자"로 칭하며 신도의 "정신을 자기 뜻대로 조종한다." 이러한 교권제를 체현하는 것이 독신·나태·맹목적 복종으로 이루어지는 수도원 제도이며, 이에 의해 가톨릭교회의 원리는 세속 질서의 원리로부터 완전히 분리되어 간다.

　이와 같이 헤겔은 성찬과 성인 숭배의 형태를 취한 신의 무제한적인 감각화를 신의 인간화 논리가 교회의 세속 지배에 의해 빠져 들어간 편향의 소산이라고 간주하고, 프로테스탄트적인 입장으로부터 이것을 거부한다. 다른 한편으로 바로 성물 숭배의 형태를 취한 신의 감각화가 귀착되는 종점이 다름 아닌 성지 회복의 십자군이라고 헤겔은 설명한다. 예루살렘에 있는 그리스도의 무덤을 정복하고 성스러운 유물을 얻고자 한 십자군의 좌절은 공허한 감각적 충동의 몰락뿐만 아니라 또한 주체적 자유라는 고차적인 욕구의 각성을 알리는 전환점으로서, 즉 도래해야 할 종교 개혁에 대한 전주곡으로서 이해된다.

종교 개혁과 주권 국가의 형성

　중세에 이어지는 게르만 세계의 제3기, 즉 근대는 더 나아가 종교 개혁·종교 개혁 이후·현대라는 세 시기로 구분된다.

　근대의 제1기에서는 우선 종교 개혁에 의한 주체적 자유의 획득이 논의된다. 루터가 설파한 새로운 교설은 신과 인간의 매개가 외면적인 사물에 의한 것이 아니라 그리스도에 대한 신앙에 의한다고 하는 것이었다. 이에 의해 가톨릭의 교권제를 뒷받침해 온 정신의 예종의 다양한 형태들, 특히

"신성한 사물을 배타적으로 소유하는 계급"과 더불어 성직자와 신도의 구별도 사라져 버린다. 신도들은 그리스도에 대한 "직접적인 관계를 정신 안에서 지니기" 때문에 교회의 권위 전체가 전복되고, 성서에 의한 양심의 결정이 새롭게 그리스도교회의 토대를 이룬다. 헤겔에 따르면 "인간은 자기 자신에 의해 자유이도록 규정되어 있다. 이것이 종교 개혁의 본질적 내용이다."(칼 헤겔)

이러한 교회 권위의 전복은 교회의 분열뿐만 아니라 세속 질서에까지 미치는 중대한 변혁을 불러 일으켰다. 그것은 수도원과 주교구를 폐지하고 교회 재산을 몰수한다고 하는 본래적인 의미의 '세속화'이다. 더욱이 프로테스탄트교회가 세속 질서에 대해 취하는 새로운 관계가 "신과 세속의 화해"의 최초의 형태에 해당되는 것으로 평가된다. 교회 재산을 몰수한 '세속화'의 결과, 수도원에 체현되어 있던 순결·가난·복종이라는 중세적 가치는 무너져 가고, 결혼·근로·이성적 복종이라는 근대적 가치가 나타난다. 이것이 머지않아 가족·시민사회·국가라는 "윤리적 현실의 체계"로 발전해 간다고 한다.

근대의 제2기에서는 종교 개혁이 국가 형성에 끼친 영향작용이 논의된다. 헤겔은 우선 봉건제로부터 절대 군주정으로 이행하는 주권 국가 형성 과정을 자유 개념을 실현해 가는 국가체제 역사에서의 전제로서 긍정한다. 예를 들면 군주가 봉건 귀족을 억압하고 국가 권력의 중심점을 확립하는 것은 자유의 강화에 기여한다고 하는 것이다. 그리고 그리스 민주정의 신탁에 의한 결정과 신성 로마 제국의 황제 선거를 각각 비판한 다음, 『법철학 요강』과 마찬가지로 세습 군주에 의한 최종 결정을 "인간적 자유"의 관점에서 정당화할 수 있다고 생각한다.

하지만 종교 개혁에 의한 세속화의 결과로서 헤겔이 무엇보다도 중시하는 것은 정치적 생존을 건 프로테스탄트교회의 투쟁이다. 30년 전쟁을 비롯한 17세기 유럽의 종교 내전들은 모두 다 세속화의 성공 여부라는 프로테스탄트교회의 생존을 건 전쟁으로서 논의된다. 예를 들면 30년 전쟁을 끝맺은 베스트팔렌 조약은 프로테스탄트교회가 세속적인 생존을 확보하는 첫걸음이라고 이해되며, 7년 전쟁은 독일·프로테스탄트의 정치적 존속을 건 종교 전쟁이라고 명언된다. 그리고 프로이센의 프리드리히 2세는 "프로테스탄트교회의 보호자"라고 불리며, 7년 전쟁을 승리로 이끈 그의 역사적 공적이 높이 평가된다. 헤겔은 예나 초기에 쓴 「독일의 헌법」에서는 제국의 재건에 내기를 거는 친(親)오스트리아의 제국 애국주의자였다. 하지만 라인 동맹의 개혁 체험을 거친 30년 후에는 세속화의 성과를 군사력으로 지켜내고 프로테스탄트교회의 정치적 독립을 보장한 프로이센의 역사적 의의를 칸트와 마찬가지로 인정하고 있다.

계몽사상과 프랑스 혁명

근대의 제3기에서는 계몽에 의한 자유 의지 원리의 발견과 혁명에 의한 그 실현이 논의된다. 우선 종교 개혁에 의해 발견된 "내면성의 원리"로부터 데카르트의 회의 정신을 통해 보편자를 탐구하는 "자유로운 사고"라는 계몽의 원리가 출현한다. 그리고 자유롭게 사고하는 가운데 루소와 칸트에 의해 "의지의 자유와 평등이라는 자연권"이 발견되는 근대 자연법사상의 전개가 프랑스 혁명의 전주곡에 해당된다고 간주된다. "순수한 자유 의지"라는 "이 원리가 이제야 사고 가운데서 파악되었다. 자신을 의지하는 자유 의지야말로 가장 심오한 최종 원리이며, 모든 법의 실질적 기초라고 인식되었다."(칼 헤겔)

거기서 프랑스 혁명이란 이론적으로 발견되었을 뿐인 자유 의지의 원리를 "오랜 불법의 체계"에 실천적으로 적용하고 자연권에 기초하는 헌법을 제정하는 시도로서, 즉 근대 자연법사상의 실현으로서 이해된다. 그리고 철학에 의한 현실의 개조라는 맥락에서 프랑스 혁명을 자유로운 정신의 "해돋이"에 비유하는 유명한 구절이 1830년도 강의록에 기록되어 있다.

"태양이 하늘에 위치하고 행성이 태양 주위를 돌게 되고부터 인간이 머리 위에, 요컨대 사상 위에 서서 현실을 사상에 따라 쌓아 올린 일은 이전에 보이지 않았다. …… 이제야 비로소 인간은 사상이 정신적 현실을 지배해야 한다고 인식하기에 이르렀다. 이것은 빛나는 해돋이였다."(칼 헤겔) 프랑스 혁명의 결과, 봉건적 특권은 폐기되고 인격과 소유의 자유라는 "실질적 자유"가, 그리고 정치 결정에 참가하는 자유라는 "형식적 자유"가 비로소 얻어졌다.

이렇게 헤겔은 종교 개혁에서 출현한 내면성 원리의 연장선상에서 계몽 사상을 파악하고, 프랑스 혁명을 계몽이 발견한 자유 의지 원리의 실현으로 간주하고 있다. 따라서 1830년도 강의에서는 종교 개혁-계몽사상-프랑스 혁명의 3자가 정신사에서 밀접히 관련되는 사건들로서 논의된다. 그뿐만 아니라 프랑스 혁명은 교회 재산을 몰수하는 좁은 의미의 '세속화'를 수반하고 있다는 점에서 국가체제의 역사에 있어서도 종교 개혁과 깊이 관련된다. 1822년도의 법철학 강의에서 헤겔은 국가에 의한 수도원 폐지를 옳은 것으로 인정하고 있었다(본서, 제3장 2절에서의 '인격과 소유의 자유—추상법'을 참조). 그리하여 보수주의자 버크가 프랑스 국민의회에 의한 교회 재산 몰수에 반대했던 것과는 대조적으로 헤겔은 주권 국가에 의한 '세속화' 사업을 자유 원리의 실현으로서 지지하고 있었다는 것이 드러난다.

그러나 여기서 "현대에서는 자유 의식의 진보가 독일에서가 아니라 프랑스에서 끝난다"고 헤겔의 사상을 요약하는 것은 적당하다고 말할 수 없다. 유럽의 근대 국가가 나폴레옹의 정복에 의해 프랑스의 자유주의 원리에 열렸음에도 불구하고 "이러한 자유주의가 이르는 곳마다 파산해 버렸던" 것은 왜일까? 그 이유는 "라틴계 세계가 이미 가톨릭주의에 의해 분열되어 있었기 때문에, 낡은 상태로 되돌아가 버렸기" 때문이라고 헤겔은 생각한다. 이에 반해 독일에서는 종교 개혁에 의해 수도원 제도가 폐지되고 "종교와 법의 화해"가 성취되었기 때문에, "세속의 법으로부터 분리되고 이에 대립하는 신성하고 종교적인 양심은 이미 존재하지 않는다"고

한다.

따라서 처음에 예고된 이성과 종교의 화해는 프로테스탄트의 독일, 즉 프로이센에 의해 이제야 국가와 교회의 화해로서 실현되었다. 이것이 1830년도 강의에서 보이는 헤겔의 현 상황 인식이다. 프랑스 귀족 토크빌과 마찬가지로 헤겔도 혁명 후의 프랑스에서가 아니라 프로테스탄트·프로이센에서 "자유의 정신"과 "종교의 정신"의 결합을 발견하고, 이성과 종교의 화해에 세계사의 장래에 대한 기대를 맡기는 것이다. 그것은 교회 권력을 배제하는(좁은 의미의) '세속화' 사업이야말로 인격과 소유의 자유라는 그리스도교 원리를 실현한다고 하는 (넓은 의미의) '세속화' 운동에 대한 역사적 전망에 의해 뒷받침되고 있다.

그리하여 1830년도 강의의 결말에서 헤겔은 세계사에서의 자유 개념의 실현을 '신정론'이라고 부르면서 마지막 매듭을 짓고 있다. "정신의 원리의 발전은 참된 신정론이다. (자유의) 개념은 역사 속에서 완성되었지만, 이것은 신이 이룬 일이다. 왜냐하면 신이 역사 속에서 실현되고 계시되었기 때문이다."(칼 헤겔)

근대 자연법론에서 역사주의로

1830년도 강의에서 설파되는 헤겔의 역사철학은 지금까지 발전 단계설의 역사관을 전형적으로 보여주는 것으로 간주되어 왔다. 하지만 잘 읽어보면 그것은 근대 자연법론으로부터 '역사주의' 사상에로 전환하는 시대의 전환점을 체현하고 있다는 것을 알 수 있다.

한편으로 헤겔은 최후의 근대 자연법론자이자 자유의 이념에 의해 근대를 규범적으로 근거짓는다고 하는 작업을 성취한 사람이다. 1830년도 강의의 서론에서는 역사를 선험적으로(a priori) 구성하는 철학은 사실을 있는 그대로 파악하는 역사와는 양립할 수 없다고 하는 역사가로부터의 비판에 대해 "철학적 역사"로서의 "세계사의 철학"을 옹호하고 있다. 헤겔에 따르면 주어진 사실을 충실하게 파악한다고 생각하는 역사가도 일정한 개념들(칸트의 범주들)에 따라 사실을 바라보고 이것에 해석을 가한다. 요컨대 "세계를 이성적으로 보는 자에게 있어 세계는 이성적으로 보인다"고 하는 자기 언급적인 순환이 어떠한 역사 기술에도 반드시 따라다니고 있다는 것이다. 그리하여 역사에서의 사건들을 있는 그대로 파악할 수 있다고 믿는 역사 실증주의는 범주들에 의해 비로소 사건들을 파악할 수 있다는 것을 이해할 수 없는 "코페르니쿠스적 전회" 이전의 교조주의로서 거부된다.

오히려 우리는 역사를 주어진 사실들의 다발로서 바라보는 것이 아니라 바로 범주들에 의해 역사를 통일적으로 파악하는 능력(칸트의 '통각의 종합적 통일')을 지니기 때문에 인류의 역사 경험을 전체성으로서 파악할 수 있다. 따라서 자유의 이념이라는 범주를 역사의 외부에 있는 역사의 궁극 목적으로서, 즉 "역사에서의 이성"으로서 상정할 때에 비로소 우리는 인류의 역사 전체를 자유의 이념이 실현되는 과정으로서 통일적으로 파악할 수 있다. 이런 의미에서 헤겔은 정신의 자유라는 역사를 넘어선 가치가 역사 발전의 방향을 규정한다고 하는 근대 자연법사상의 계승자이며, "인류가 스스로 초래한 미성년 상태로부터 벗어난다"고 하는, 칸트가 말하는 '계몽' 프로젝트의 속행자이다. 요컨대 헤겔은 신의 인간화의 논리가 인간의 자유 의지를 근거짓는 (넓은 의미의) 세속화 운동이 교회 권력을 배제하는 (좁은 의미의) 세속화 사업에 의해 완성되는 과정으로서 세계사에서의 자유 이념의 실현을 파악하고 있는 것이다. 거기서는 동시대인인 베토벤의 음악과 마찬가지로 자유에 대한 열정이 곳곳에서 울려나오고 있는 것을 들을 수 있을 것이다.

다른 한편으로 헤겔은 최초의 역사주의자로서 자유 이념의 실현을 역사의 필연적 발전에 맡기게 되었다. 1830년도 강의의 서론은 어떠한 개인도 "그의 국민의 아들"이며, 자신이 살아가는 시대와 국민에 의해 역사적으로 제약되어 있다고 지적한다. 그리고 어떤 국민이 헌법을 도입하기에 적당한 시기는 그 국민의 정신이 어느 정도 발전해 있는가 하는 것에 좌우되기 때문에, "모든 국민은 그 정신의 발전에 대응하는 헌법을 지닌다"고 한다. 보편적으로 보이는 가치도 역사적으로 제약되어 있다고 하는 이러한 사상은 '역사주의'라고 불리지만, 이것이 사비니와 마찬가지로 나폴레옹의 독일 점령과 해방 전쟁의 체험에서 얻어졌다는 것은 틀림없다. 하지만 역사주의라는 새로운 사상의 출현은 일체의 가치를 역사의 필연적 발전으로 해소하고 상대해 버리는 역사 상대주의의 위험을 품고 있었다.

본래 프로이센에서의 이성과 종교의 화해라는 1830년 당시의 헤겔의 현 상황 진단도 현재를 절대화하고 강자가 주도하는 시대의 대세를 뒤쫓아 간다고 하는 역사주의에 특유한 경향을 벗어나지 못했다. 예를 들어 1830년도 강의의 서론은 "세계사적 개인"을 매개로 하는 "이성의 간지"설을 채용하여 자유의 이념과 그 담지자 사이에 다리를 놓고자 한다. 요컨대 보편적인 이념이라 하더라도 "세계사적 개인"을 담지자로 하여 비로소 실현될 수 있기 때문에, 그 개인들을 몰아세우는 특수한 정념과 이해야말로 "세계 정신이 자신의 목적을 실현하는 수단이자 도구"이다. 그리고 "이들 도구를 서로 다투게 하고 파괴함으로써 이성을 산출하는" 것이 "이성의 간지"라고 한다. 이러한 "이성의 간지"설은 본래 자유의 이념을 프랑스 국민군의 군사력에 의해 유럽 전체에 전도하려고 하다가 몰락한 나폴레옹의 시대 체험으로부터 얻어졌음에 틀림없다. 하지만 보편주의와 권력 정치의 결합을 이론화한 동일한 학설이 헤겔 이후의 시대에는 상이한 기능을 수행하게 된다.

헤겔학파와 헤겔의 죽음

지금까지 『엔치클로페디』와 『법철학 요강』 그리고 『역사철학 강의』를 중심으로 하여 헤겔의 학문 체계를 살펴보았다. 이러한 헤겔의 철학은 이미 1820년대 중반에 다수의 제자들로 이루어진 학파를 형성하기에 이른다. 1827년 1월에 베를린에서 창간된 『학술비평연보』는 헤겔학파의 기관지라고도 말할 수 있는 성격을 지니며, 그 편집에는 마르하이네케, 슐체, 호토, 간스, 헤닝과 같은 대표적인 제자들이 참가했다. 헤겔 자신도 다수의 비평을 집필하여 이 『연보』에 기고했다. 또한 『엔치클로페디』 초판에 두 차례에 걸친 개정을 가하여 1827년 여름에는 제2판을, 1830년에는 제3판을 출간하여 자신의 체계의 완성을 도모했다. 더 나아가 1829년 10월부터 1년간 베를린 대학 총장을 맡으며, 그 다음 해 1830년 6월 25일의 아우크스부르크 신앙 고백 기념식전에서는 대학을 대표하여 식사를 행한다.

1830년도 겨울 학기의 역사철학 강의에서는 그 직후에 프랑스에서 일어난 7월 혁명을 마지막에 다루고 있는데, 혁명의 요인으로서 가톨릭과 공화파 사이의 신조의 대립을 들고 있다. 더 나아가 다음 해 1831년 4월에는 「영국 선거법 개정안에 대하여」를 중간까지 공표하고, 선거법 개정의 움직임에 의해 영국의 의회제 귀족정이 종언될 가능성에 대해 논의하고 있다. 이렇게 유럽 각지에서 새로운 민주화 운동이 고양되는 것을 보는 중에 헤겔은 마지막까지 계속해서 시대에 대한 관심을 품은 채 11월 14일, 베를린에서 유행하고 있던 콜레라에 의해 갑자기 사망하게 된다. 61년의 생애이며, 유체는 본인의 생전의 희망에 따라 피히테의 무덤 이웃에 매장되었다.

이리하여 철학자 헤겔의 짧은 생애는 여기서 종언을 고하게 되었다. 하지만 그 다음 해에는 남겨진 제자들의 손으로 편집된 『헤겔 전집』(1833-40년)의 출간이 시작되며, 이때부터 헤겔 철학이 본격적으로 영향작용을 끼치는 긴 역사가 새롭게 막을 여는 것이다.

제5장 헤겔과 그 후의 시대

1. 독일 관념론의 계승자들

독일 관념론의 과제의 계승자들

지금까지는 베를린 시대 헤겔의 주요 저작들을 『법철학 요강』과 『역사철학 강의』를 중심으로 살펴보았다. 그러면 이러한 헤겔의 철학과 사상은 그 후의 시대에 어떻게 계승되고 변용되는 것일까? 이어서 이를 살펴보도록 하자.

앞에서 독일 관념론에 특유한 정신사적 과제를 세 가지 거론한 바 있다. 요컨대 프로테스탄트 신학과의 대결, 고대 그리스의 발견, 제국에서의 정치적 통일의 부재가 그것들이다. 이들 과제는 헤겔에 의해 어떻게 해결되며, 그 계승자들에 의해 어떻게 받아들여지는 것일까?

첫째로, 프로테스탄트 신학과의 대결이라는 독일 계몽의 과제는 헤겔에게도 계승되며, 이성과 신앙의 일치라고 하는, 칸트와는 다른 방식으로 해결된다. 헤겔학파로부터 나온 맑스는 동일한 과제를 다루는데, 그는 그리스도교 신학의 비판을 자본주의 사회의 비판으로 치환하는 급진적인 방식으로 그 과제를 해결하고자 시도한다.

둘째로, 고대 그리스의 발견이라는 신인문주의의 과제는 헤겔에 의해 그리스 세계에 대한 동경을 수용함과 동시에 그리스도교에 의해 극복한다고 하는 이중의 방식으로 해결되었다. 신낭만주의자인 니체는 동일한 과제에 몰두하는데, 그는 그리스 문화에 대한 독자적인 해석에 의해 그리스도교 문화의 토대를 전복한다고 하는 과격한 방식으로 그 과제를 해결할 수 있다고 믿는다.

셋째로, 옛 제국 이래로 정치적 통일의 결여라고 하는 독일 국민국가의 과제는 헤겔에 의해 입헌적 주권 국가의 확립과 프로이센에 대한 기대로서 해결되었다. 독일 역사주의의 내셔널리스트들은 동일한 과제를 다루는데,

그들은 그 과제를 프로이센을 중심으로 하는 독일 통일에 의해 최종적으로 해결할 수 있다고 기대한다.

이하에서는 독일 역사주의, 맑스주의, 니체파라는 순서로 헤겔의 계승자들의 사상과 그 귀결을 살펴보도록 하자.

헤겔학파의 분열과 역사주의의 탄생

헤겔의 제자들로 이루어진 헤겔학파는 이미 1820년대에 형성되어 1840년대까지 계속해서 독일 철학계의 주류였다. 하지만 1831년에 헤겔이 사망한 후, 헤겔학파는 다비드 슈트라우스의 『예수의 생애』(1835-36년)에 대한 태도를 둘러싸고서 우파와 좌파로 분열하게 되었다(뢰비트, 1941). 왜냐하면 슈트라우스의 글은 신약성서의 복음서를 역사적 사실이 아니라 신화의 표현이라고 단정하고 있었기 때문이다.

헤겔 우파('노년 헤겔학파'라고도 한다)는 슈트라우스와는 달리 복음서를 역사적 사실로 인정하는, 헤겔 생전부터의 충실한 제자들이며, 『헤겔전집』을 편집하고 헤겔 철학을 후세에 전하는 역할을 수행했다. 다른 한편으로 헤겔 좌파('청년 헤겔학파'라고도 한다)는 슈트라우스와 마찬가지로 복음서를 역사적 사실로는 인정하지 않는 젊은 급진적 계승자들이며, 포이어바흐의 신학 비판을 거쳐, 뒤에서 보듯이, 맑스와 엥겔스의 공산주의 사상을 산출해 간다. 1840년에 즉위한 프로이센의 새로운 국왕 빌헬름 4세는 헤겔학파를 정치적으로 위험한 "재앙의 씨앗"으로 간주하고, 헤겔의 숙적 셸링과 그의 제자인 보수적 법학자 슈탈을 베를린 대학으로 초빙하여 헤겔주의를 근절하고자 했다.

하지만 헤겔 철학은 독일 고전 철학의 전통을 창시했을 뿐만 아니라 다른 학술 부문에까지 광범위한 영향작용을 끼치며, 독일 역사학파의 전통을 창출하게 되었다(슈네델바흐, 1974). 우선 베를린 대학의 역사학자 랑케는 역사에서의 다양한 시대와 국민이 지니는 다양한 개성을 중시한다고 하는 '역사주의'의 창시자가 되었다. 랑케는 헤겔의 역사철학이 어떤 시대를 나중의 시대에 이르는 수단, 즉 단수형의 진보의 일환으로 간주하는 점을 비판하고, "어떠한 시대도 직접 신에게 속해 있기" 때문에 각각의 시대와 세대는 고유한 가치를 지닌다고 주장한다. 그리고 사료 비판에 의해 개별적인 사실들을 탐구하는 실증주의의 방법을 취하는 한편, 개별적인 연관을 보편적인 전체의 통일로 높이기 위해 "역사상의 인류를 그 전체에서 전망하는" 신성을 상정한다. 이렇게 랑케의 역사주의는 신의 관점이라는 신학적 근거짓기에 뒷받침되어 있다는 점에서 헤겔의 절대적 관념론의 권역 내에 머무른다고 말할 수 있다.

다음으로 헤겔에게서 배운 베를린 대학의 역사가 드로이젠은 트라이취케와 더불어 동시대의 관심을 중시하는 '프로이센학파'의 창시자가 되었다. 드로이젠은 사건을 기술하는 역사가 역사가가 사용하는 규정(칸트의 '범주')에 의해 구성된다는 것을 인정한다. 하지만 역사가의 의식(칸트의 '의식 일반')이 강의 흐름처럼 변할 수 있다고 지적하고, 역사의식 그 자체를 역사화함으로써 역사에 대한 상대주의적인 견해를 설파했다. 그리고 역사는 "인간이 자신을 아는" 자기 인식인 한에서 역사의식도 어디까지나 유한한 통일체, 상대적인 전체에 지나지 않는다고 생각하고, 인간의 관점으로부터 인간학적 근거짓기를 행했다.

이렇게 독일 역사주의는 놀랄 정도로 헤겔과 가까운 입장에 머무르는 한편, 역사에서 어떠한 규범적 지침도 찾지 않는 "역사 상대주의"의 입장을 산출하고, 시대의 대세를 뒤쫓아 가는 기회주의 경향을 보이게 된다(슈내델바흐, 1983). 드로이젠 등이 1848년 혁명에서는 독일 통일 운동에 참여하고, 1866년 이후에는 비스마르크의 예찬자가 되어 가는 것은 그것의 전형적인 예이다. 이에 반해 비스마르크 이후의 프로이센학파의 붕괴를 경험하고 이념사의 방법에 의해 역사주의의 자기 혁신을 진척시킨 것이 제2제정 시기의 역사가 마이네케이다.

비스마르크 제국과 '이성의 간지'설

독일 역사주의, 특히 프로이센학파가 관여한 독일 통일 운동은 본래 나폴레옹 점령에 대한 해방 전쟁의 경험에서 시작되는 것이었다. 이 내셔널리즘 운동은 1848년 혁명에서는 자유와 통일을 추구하는 자유주의자들의 정치 운동으로서 고양된 후, 프로이센을 중심으로 하는 소(小)독일주의와 오스트리아를 포함하는 대(大)독일주의의 대립을 거쳐, 3월 혁명의 패배에 의해 일단 고요히 가라앉는다.

그러나 융커 출신의 프로이센 재상 비스마르크가 1866년의 프로이센-오스트리아 전쟁으로부터 1870년의 프로이센-프랑스 전쟁에 이르는 독일 통일 전쟁에서 차례차례 승리를 거두고 1871년에 프로이센을 중심으로 하는 제2제국을 창립했을 때, 독일 국민의 열광은 정점에 도달했다. 이때 독일 국민국가의 이념이 비스마르크라는 '세계사적 개인'의 권력 정치를 통해 그리고 프로이센이라는 '세계사적 국민'을 담지자로 하여 실현되었다고 생각하고, 헤겔의 '이성의 간지'설을 사용하여 비스마르크의 통일 사업을 설명할 수 있다고 믿는 사람들도 나타났다.

이미 보았듯이 헤겔 자신은 독일 통일의 요구에 대해서는 부정적이며, 프리스 등의 내셔널리즘 운동에 대해서는 적대적 태도를 표명하고 있었다. 하지만 그가 이야기한 '이성의 간지'설은 국민국가 원리와 전쟁에 의한 분쟁 해결 사상과 함께 종교적 사명감에 뒷받침된 내셔널리즘을 정당화하고, 보편주의와 권력 정치가 결합되는 비스마르크 제국의 세계 정책을 추인하는 기능을 수행하게 된다.

이 점을 비판한 것이 제1차 대전의 패전을 경험한 후기의 마이네케이다. 그는 국가 이성과 자연법적 이념, 권력과 도덕의 관계를 새롭게 주제화하고, 마키아벨리로부터 프리드리히 2세를 거쳐 독일 역사주의에 이르는 국가 이성의 이념사 속에서 헤겔을 논했다(마이네케, 1924). 그리하여 마이네케가 악으로부터 선을 낳게 하는 '이성의 간지'설에서 "도덕적 감정을 둔화시켜 권력 정치의 지나침을 가볍게 생각하는 중대한 위험"을 발견하고, 그 낙관주의에 대해 경고하고 있는 것은 이러한 부정적인 영향작용사를 근거로 한 것이라고 말할 수 있다.

맑스에 의한 관념사관의 재전도

그러면 헤겔 좌파는 어떻게 헤겔 철학을 계승했던 것일까? 1840년대에 헤겔 좌파의 일원으로서 헤겔 철학을 넘어서고자 했던 것이 초기의 맑스이다. 1830년대 말의 베를린 대학에서 철학을 공부하고, 청년 헤겔학파의 바우어로부터 가르침을 받은 맑스는 「유대인 문제에 대하여」와 「헤겔 법철학 비판 서설」을 『독불연보』에 발표하여 헤겔 『법철학 요강』의 비판에 몰두하고 있다(맑스, 1844a).

개종한 유대인의 자식인 맑스는 나폴레옹 점령 하의 독일에서 진행된 유대인 해방 문제를 다루어 유대인의 "정치적 해방"은 종교의 신도와 국가의 공민을 분리하는 정교 분리의 원칙에 기초한다는 점에서 불충분하다고 비판한다. 그에 따르면 정치적 해방이 어중간한 것에 그쳤던 이유는 시민사회와 국가를 나누는 헤겔의 구별을 받아들였다는 점에 놓여 있다. 거기서는 인간이 부르주아와 공민으로 분열되어 이중의 생활을 영위하는 별개의 존재라고 생각되었다. 요컨대 동일한 인간이 시민사회에서는 사인으로서 이기적 생활을 보내지만, 국가에서는 공인으로서 공동생활을 영위한다고 상정되었던 것이다. 그리하여 종교는 공동체로부터의 인간의 분리를 표현하는 것이어서, 인권은 타자로부터 분리된 이기적 인간의 권리라고 간주되었다.

이에 대해 맑스는 정치적 해방으로부터 "인간적 해방"에로 나아가 국가와 사회를 다시 통일하고 공동존재('유적 존재'라고 불린다)를 회복할 것을 요구한다. 그에 따르면 모든 정치적 혁명은 사회 속의 특정 계급(예를 들면 제3신분)이 사회 전체를 대표하여 사회의 보편적 해방을 기도하는 것으로부터 시작된다(시에예스, 1789). 그리하여 맑스는 부르주아를 대신하는 새로운 보편적 해방자야말로 사회의 고난을 한 몸에 짊어지는 노동자 계급이라고 지적하고, 프롤레타리아트를 담지자로 하는 "인간적 해방"을 전망한다.

다음으로 경제학을 연구한 맑스는 『경제학·철학 초고』에서 헤겔의 『정신현상학』을 적용하여 독자적인 소외론을 전개한다(맑스, 1844b). 맑스는 인간을 '노동하는 동물'로 간주하고, 이것을 "인간은 유적 존재(Gattungswesen)다"라고 표현한다. 그에 따르면 우리는 자연의 일부로서 신체적 욕구를 충족시키는 생명 활동을 수행할 뿐만 아니라 욕구로부터 자유롭게 자연을 가공하여 생산물 안에 자기 자신을 대상화하는 생산 활동을 행한다. 그리고 헤겔의 변증법을 생산 활동에 적용하면, 주체와 객체의 직접적 통일로부터 자기 대상화와 외화를 거쳐 외화의 폐기에 이르는 과정으로서 노동의 본질을 설명할 수 있다고 한다.

그러나 맑스는 헤겔이 노동을 인간의 본질로서 파악한 점을 평가하지만, 헤겔이 노동의 부정적 측면을 보지 못한다고 비판한다. 그리고 자본주의 사회에서는 인간의 본질인 노동이 '소외된 노동'으로 변질하고 있다고 지적한다. 거기서는 ① 생산물이 생산자의 것이 아니라 생산자에게 소원한 적대적 힘으로서 나타나고, ② 생산 활동도 생산자 자신이 아니라 타자의 소유에 속할 뿐만 아니라, ③ 생산자는 생산물 안에서 발견하는 '유적 존재'를 빼앗기고 있으며, ④ 이리하여 자기 자신과 대립함과 동시에 타자와도 대립하고 있다. 맑스에 따르면 이러한 4중의 의미에서 '소외된 노동'은 인간의 자기 소외를 표현하고 있다. 그리하여 소외된 노동으로부터의 사회적 해방은 인간의 자기 소외를 폐기하고 유적 존재를 회복하는 운동, 보편적인 '인간적 해방'에 의해 수행된다고 한다.

여기서 맑스는 헤겔의 변증법을 소외된 노동에도 적용하여 소외로부터의 회복을 유적 존재로부터 자기 소외를 거쳐 소외를 폐기하는 과정으로서 전망하고 있는 것으로 보인다. 그러나 헤겔 변증법은 어디까지나 주체의 분리에 의해 매개된 고차적인 통일을 요구하는 것이었다. 초기 맑스의 소외론은 세 번째 단계가 분리에 의해 매개된 통일로 되지 않고 최초의 직접적 통일로 다시 회귀한다는 점에서 사실은 헤겔이 비판한 낭만주의의 하나의 변종이라고 말할 수 있다.

더 나아가 맑스는 친하게 된 엥겔스와 공저로 『독일 이데올로기』를 집필하여 포이어바흐와 헤겔 좌파를 함께 비판하고 역사에 대한 유물론적 파악의 입장을 확립한다(맑스 · 엥겔스, 1845-46). 한편으로 그는 자기가 배운 바우어를 비롯해서 헤겔 좌파를 비판하고 관념론으로부터 유물론으로의 전회를 꾀한다. 맑스에 따르면 인간의 의식은 현실의 생활 과정에 좌우되기 때문에, "의식이 생활을 결정하는 것이 아니라 생활이 의식을 결정한다"고 한다. 그리고 헤겔의 역사철학은 "거꾸로 머리로 서 있는", 이를테면 전도된 관념사관이기 때문에 다시 전도될 필요가 있다. 그에 따르면 역사의 현실적 토대를 이루는 것은 인류의 자기의식이 아니라 생산력 · 교통형태이기 때문에, 세계사의 주체는 세계정신으로부터 생산력의 발전으로 치환된다.

다른 한편으로 맑스는 헤겔이 역사를 발전 과정으로서 파악하고 역사의 일반 법칙을 발견한 점을 높이 평가한다. 그리고 그는 역사를 발전 단계들의 계열로 보는 발전사관을 헤겔로부터 이어받고자 한다. 포이어바흐의 유물론은 이러한 역사적 견해를 결여하고 있기 때문에, 하천의 오염과 같은 감각적 현상이 자본주의 사회의 발전이라는 역사의 산물이라는 점을 이해할 수 없다고 비판된다.

그리하여 헤겔의 발전사관을 계승하고 포이어바흐의 유물론과 결합함으로써 유물론적 역사관이 새롭게 탄생하게 되었다. 이렇게 맑스는 헤겔 변증법을 헤겔 자신에게 적용하여 극복함으로써 생산력의 발전사관에 도달했던 것이다.

후기 맑스와 공산주의 체제의 문제점

후기 맑스의 유물론적 역사관은 『자본론』 제1권(1867년)을 근거로 하여 엥겔스의 『공상에서 과학으로』에서 간결하게 정식화되었다(엥겔스, 1883). 이에 따르면 유물론적 역사관은 다음과 같은 네 가지 요소들로 구성된다. 첫째로, 생산자로부터 생산수단이 탈취되어 자본가에게 집중되는 것에 의해 노동력 이외에 지니는 것이 없는 생산자와, 생산수단을 독점한 자본가로의 계급 분열이 나타난다고 하는 자본제 사회의 역사 분석, 둘째로, 사회화된 생산의 무계획성으로부터 주기적으로 공황이 생겨나기 때문에, 생산력이 상승하면 할수록 시장의 승자와 패자의 격차가 확대되고 사회 전체의 궁핍화가 진행된다고 하는 자본제 사회의 현상 분석, 셋째로, 국가는 지배 계급의 이익을 도모하는 계급 지배의 도구이며, 지배적 사상은 어느 시대에도 지배 계급의 사상에 지나지 않는다고 하는 이데올로기 비판, 넷째로, 프롤레타리아트가 권력을 장악하고 생산수단을 사회화하여 생산력을 계획적으로 통제하면, 사회 전체의 대표자로 된 국가는 사멸한다고 하는 공산주의 사회의 미래 예측이다. 그리고 미친 듯이 날뛰는 시장의 힘을 제압한 인류는 사회와 자연의 주인, 자기 자신의 주인이 되어 자유의 이념을 달성하고 "필연의 왕국으로부터 자유의 왕국으로의 인류의 비약"을 실현할 수 있다고 한다.

이러한 맑스의 사상은 그 자신이 창립한 국제노동자협회(1864년)나 라살파와 합동한 독일사회민주당(1890년)을 통해 국제적인 노동자 운동을 창출하고, 1917년의 러시아 혁명 이후에는 공산주의 국가를 지상에 건설하기에 이르렀다. 하지만 맑스주의가 러시아의 볼셰비키를 담지자로 하여 체제화함에 따라 생각지도 못한 문제점들이 서서히 명확히 되어 왔다.

첫째로, 국가가 생산수단을 국유화하는 것에 의해 사회의 모든 수준에서 '관료제화'라고 불리는 현상이 진행되고, 비대한 국가 관료제가 "강철처럼 견고한 감옥"으로 화하여 개인의 자유를 억압했다(베버, 1918). 둘째로,

프롤레타리아의 의지를 대표하는 전위당의 '지도자'가 거대한 관료 기구를 독점적으로 장악하고, 인민의 의지의 체현자로서 일당 독재를 개시했다. 셋째로, 공산주의 국가에서는 맑스주의가 국가 공인의 '정통' 학설로 정해지고 다른 세계관은 '이단'으로서 박해 당했다.

이러한 공산주의 체제 문제의 사상적 요인으로서는 황제 권력과 러시아 정교가 유착된 러시아 특유의 전통도 생각된다('이단의 러시아 정교화'라고 불린다). 하지만 맑스 자신이 상이한 의견을 지니는 타자의 권리를 이해할 수 없으며, 잘못된 헤겔 비판으로부터 출발한 점도 거론될 수 있을 것이다. 예를 들면 ① '인간적 해방'이라는 최초의 목표는 분리에 매개된 통일이 아니라 역으로 신앙·사상의 자유를 분리의 권리라고 하여 부인했기 때문에, 자기와 타자가 미분화된 상태로 회귀할 것을 원하는 낭만주의로 퇴행했다. 또한 ② 시민사회를 이기적 개인의 영역으로 보아 국가와 재통일하고자 했기 때문에, 사회의 자율성을 부정하고 국가가 사회 전체를 통제하는 전체 국가를 만들어냈다. 나아가 ③ 칸트 이후의 관념론을 부정하고 현실 생활을 역사의 토대로 생각했기 때문에, 지배적인 시대의 대세를 역사의 필연으로 간주하는 필연사관으로 귀착되었다.

이리하여 소련과 동구의 공산주의 국가들은 '지도자'라고 칭하는 독재자에게 모든 것을 맡기고 개인의 사상과 신조를 국가 경찰에 의해 일상적으로 감시하는 관헌 국가로 화했다. 그 체제는 얄궂게도 로마 교황이 개인의 생활양식을 전면적으로 통제하는 구 유럽 세계와 아주 닮아 있으며, 이전에 계몽사상이 극복하고자 했던 가톨릭 교권제를 새롭게 재현하는 것이었다.

니체에 의한 낭만주의의 계승

이렇게 후기 헤겔의 사상을 계승하여 넘어서고자 했던 맑스 등의 프로젝트는 머지않아 파탄되도록 운명지어져 있었다. 이에 반해 젊은 헤겔 등의 낭만주의를 자각적으로 계승하고자 했던 것이 바젤의 고전 문헌학자 니체이다.

우선 니체는 음악가 바그너에게 바쳐진 『비극의 탄생』에서 횔덜린 등의 그리스 숭배를 이어받아 그리스 비극의 본질을 "아폴론적인 것과 디오뉘소스적인 것의 이원성"이라고 부르면서 이것을 높이 평가한다(니체, 1872). 바그너 음악의 예찬자 니체는 그리스인의 조형 예술이 아니라 그리스 비극이 보여주는 음악 예술의 성격에 주목한다. 그리고 주신 디오뉘소스가 체현하는 것과 같은 황홀과 도취의 자기 망각 체험을 통해 인간과 인간, 인간과 자연 사이의 유대가 맺어진다고 생각하고, 신화적 예술에 의한 구제의 사상을 설파한다. 다른 한편으로 태양신 아폴론을 체현하는 철학자 소크라테스에게서는 비극의 본질을 파괴하는 "이론적 낙관주의", 예술을 강제하는 "변증법 철학"의 시작을, 요컨대 서구 형이상학의 단서를 발견한다. 이렇게 니체는 디오뉘소스적인 예술의 마력에 호소하여 고대 그리스를 재생시키면 독일 정신을 갱신할 수 있다고 굳게 믿는다.

다음으로 니체는 『반시대적 고찰』의 제2편 '삶에 대한 역사의 공과'에서 헤겔의 계승자인 독일 역사주의를 낭만주의적인 삶의 사상에 의해 극복하고자 한다(니체, 1874). 니체는 바젤의 역사가 부르크하르트로부터 헤겔 역사철학이 전제하는 이성주의에 대한 비판을 듣고 있었지만, 여기서 역사주의적 이성에 대한 비판을 철저화하고 역사적 인식에 대한 삶의 우위를 도출한다. 니체에 따르면 역사적 감각이 과잉된 나머지 우리의 삶은 손상되어 버리고 완전히 쇠퇴해 있지만, 역사는 바로 삶에 봉사하기 위해 사용될 필요가 있다. 현대의 "역사적 교양"은 내면과 외면의 대립을 믿고, 자신이야말로 정의를 소유한다고 망상하며, 과학의 노동을 강제 받아서 인류가 노년에 도달해 있다고 생각한다. 니체는 이러한 "역사병"에 대한 해독제로서 "비역사적인 것"과 "초역사적인 것", 요컨대 과거를 망각하고 현재의 지평에 한정하는 현재중심주의와, 예술과 종교에 의해 영원에 도달하는 직관주의를 대치시킨다. 이 결과 헤겔에서는 결합되어 있던 영원과 시간,

이성과 역사가 완전히 분리되고, 역사주의에 의해 이성이 역사로 환원된 후에 남겨진 역사는 삶의 혼돈으로 해소되어 버린다.

마지막으로 만년의 니체는 1880년대의 유고집 『권력에의 의지』에서 순수하게 생물학적인 의미에서 이해된 삶의 철학을 "권력에의 의지"의 형이상학으로서 전개한다(니체, 1906). 니체는 인식자의 의욕에 의해서 세계가 임의로 해석될 수 있다고 하는 "관점중심주의"(퍼스펙티비즘)의 인식론을 채택하고, 종래의 세계관에 부수되는 모든 가치 평가의 전환을 예고한다. 그리고 그리스도교 도덕은 약자의 '원한'(르상티망)을 방향 전환시킨 산물에 다름 아니라고 선언되기 때문에, 원한을 치유하고 화해와 용서로 이끄는 종교적 구제의 힘은 이미 어디로부터도 기대할 수 없게 된다. 다른 한편으로 진리를 비롯한 최고의 가치는 좀 더 강하게 되고자 하는 생명 충동으로 해석된 삶의 개념, 즉 "권력에의 의지"로 환원되어 버린다.

일체의 규범적 목표를 상실한 이러한 가치 상대주의의 입장은 니체에 의해 "니힐리즘의 도래"라고 불리며 적극적으로 긍정된다. 그 결과 적자생존의 다윈 교설을 사회에 적용한 우승열패의 사회 다윈주의야말로 삶의 철학에 가장 적합한 세계관으로서 남겨진다. 이러한 니체의 삶의 철학은 소크라테스 이전의 철학자들에게서 "생성하는 자연"의 존재 이해를 본래적 시간성을 통해 되찾고자 하는 하이데거의 실존철학에 의해 계승되어 간다(기다(木田), 2000).

이렇게 독일 역사주의, 맑스주의, 니체파라는 독일 관념론의 계승자들은 각각 내셔널리즘, 생산력의 발전사관, 사회 다윈주의에 크게 공헌했다. 하지만 그들의 사상이 지닌 본격적인 귀결은 제1차 대전 후가 되어서야 비로소 점차 표면화하게 되었다. 1918년의 독일 패전이 남긴 집단적 원한의 기억은 공화국의 사회 정책이 파탄함으로써 다시 분출하고, 독일 국민의 심층 심리로부터 비스마르크와 같이 강력한 '지도자'를 대망하는 구세주

원망을 불러 일깨운다. 또한 국가에 대한 사회의 독립이 상실되고 국가가 사회를 포섭함에 따라 공중이 상호적으로 계몽하는 "시민적 공공성"은 상실되며, '지도자'에게 박수갈채를 보내고 그 권위에 추종하는 "인민투표적인 공공성"이 새롭게 출현한다(하버마스, 1962). 그리고 1929년의 세계 공황 이후에 심각하게 전개되는 사회 다원주의는 사회의 저변으로부터 사회 전체를 통제하는 전체 국가에 대한 원망을 산출하고 '지도자'라고 칭하는 최악의 데마고그에게 일국의 운명을 맡기기에 이른다.

이리하여 헤겔이 사망하고 나서 1세기 가량이 지난 후인 1930년대에는 자유주의 체제로부터 전체주의 체제로의 이행을 역사의 필연으로 보고서 시대의 대세를 뒤쫓아 가는 현재중심주의 경향이 지배적으로 되어 간다. 그것은 자유의 이념이 역사의 필연 속으로 해소되어 가는 인류의 위기 시대의 도래였다.

2. 헤겔과 현대

동서 냉전의 종언과 헤겔 재평가

마지막으로 헤겔의 철학과 사상은 최근 20여 년의 세계정세의 전환에 비추어 현대적 관점에서 어떻게 평가될 수 있을 것인가? 이것은 필자의 능력을 넘어서는 문제지만, 감히 해답을 시도해 보고 싶다.

연합국과 소련이 나치스 독일을 타도한 제2차 대전 후에 서방 측의 자본주의 나라들과 동방 측의 공산주의 나라들이 대결하는 동서 냉전의 시대가 40여 년간 계속되었다. 그리고 1989년 여름, 동독에서 서측으로의 탈출이 이어지는 것에 이어 10월 9일에 일어난 라이프치히 시민 7만 명의 시위를 거쳐 한 달 후인 11월 9일에는 베를린 장벽이 무너졌다. 자기 자신의 주인이라는 자유의 이념을 실현해야 했던 체제가 바로 동일한 자유에 대한 요구에 의해 붕괴된다고 하는 역사의 역설이 대규모로 나타났던 것이다. 그것은 구 유럽 세계와 유사한 일당 독재 체제를 전복한 것으로, 프랑스 혁명 이래의 거대한 '세속화' 운동을 재현하는 것이었다고 말할 수 있다. 다음 해인 1990년 10월 3일에는 동서 독일이 통일되고, 1991년 12월에는 소연방이 해체되어 20세기 후반을 지배해 온 동서 냉전은 적어도 유럽에서는 종언을 고했다.

앞에서 말했듯이 만약 공산주의 체제의 문제점이 맑스의 잘못된 헤겔 비판에 기인한다고 한다면, 냉전의 종언으로부터 얻어지는 역사적 교훈은 헤겔의 재평가로 연결될 것이다. 첫째로, 맑스가 분리의 권리로 간주한 주체적 자유의 권리는 자유 의지에 기초하는 인신과 소유의 자유로부터 직업 선택을 비롯한 기회의 평등, 양심과 사상의 자유에 이르기까지, 헤겔에 의해 광범위하게 인정되고 있었다. 이것들은 냉전 시대의 공산주의 국가에서는 두드러지게 결여되어 있었던 사상이었다. '정통'이라고 칭하는 학설이 유일한 진리로서 지배 권력과 유착하여 개인의 양심을 강제한 관헌 국가의 경험으로부터 이제 다른 사상과 신조를 표명할 자유는 모든 형태의 낭만주의에 맞서 옹호되어야 한다는 것이 새삼스럽게 확인되었다.

다음으로 맑스가 극복하고자 노력한 국가와 사회의 이분법은 헤겔에 의해 비로소 발견되어 정교 분리에 기초하는 자유주의적인 중립적 국가를 기초짓는 것으로 생각되고 있었다. 그리하여 전위당과 일체화한 국가가 사회의 모든 영역을 전면적으로 통제하는 전제 국가의 경험으로부터 이제 국가에 대한 시민사회의 자율성을 어디까지라도 옹호할 필요가 다시 인식되었다.

더 나아가 맑스가 다시 전도시키고자 한 관념론의 역사철학은 역사를 넘어선 이념으로서 정신의 자유를 전제할 때에 비로소 그 실현의 필연성을 도출할 수 있다고 헤겔에 의해 생각되고 있었다. 그리하여 생산력의 발전에 의한 사회 변혁을 필연적으로 진행되는 과정이라고 믿는 필연사관의 파탄으로부터 '역사에서의 이성'을 상정하는 초월론적 역사철학의 의의가 다시 평가되어야 했다.

그러나 냉전 종언 후에 지배적이 된 두 개의 역사관은 모두 다 이러한 헤겔에 대한 재평가를 방해하는 것이었다. 첫째는 냉전이 종언되는 것과 더불어 자유주의가 승리하고 역사가 종언했다고 하는 프랜시스 후쿠야마의 '역사의 종언'론이다(후쿠야마, 1989). 이것은 1806년의 나폴레옹 군대의 승리에 의해 세계사가 끝났다고 헤겔이 예언했다고 하는, 프랑스 철학자 코제브의 잘못된 헤겔 독해(코제브, 1947)를 신보수주의에 편리한 방식으로 해석한 것이다. 그리고 10여 년 후에는 지구화된 금융 시장의 동향이야말로 20세기의 역사를 움직이는 원동력이라고 논의하는 신자유주의의 역사관을 산출하게 되었다. 하지만 이러한 '역사의 종언'론과 그로부터 생겨난 시장 중심 사관은 1930년대 이후의 격동으로 가득 찬 20세기의 역사를 공정하게 해석한 견해라고는 도무지 말할 수 없다. 전후 서방 측의 자본주의 체제는 바로 시장 원리를 시정하고 사회 정의를 실현하는 방법을 동방 측으로부터 배워 사회 민주주의적인 합의를 실현했기 때문에, 1930년대 이후의 정통화의 위기를 비로소 극복할 수 있었다. 신보수주의의 '역사의 종언'론은 이러한 20세기의 핵심 부분을 망각해 버리고 있으며, 적대자의 패배를 기뻐하는 나머지 역사로부터 배우는 작업을 완전히 방기한 잘못된 역사관이라고 말할 수 있다.

냉전 종언 후의 세계를 지배한 두 번째 역사관은 냉전이 종언되기 이전에 인류가 해방되는 '큰 이야기'를 묘사해내는 역사철학이 그 신용을 잃어버렸다고 하는, 리오타르 등의 포스트모던파의 '역사＝이야기'론이다(리오타르, 1979, 노에(野家), 2005). 이것은 니체파가 '문화대혁명'을 믿은 1968년 세대의 환멸 체험을 근대 비판자에게 편리한 방식으로 해석한 것이다. 그리고 역사에서의 이성을 부정하고 역사를 '작은 이야기'로 단편화한 결과, 시대의 대세를 뒤쫓아 가는 현재중심주의를 초래했다. 니체파의 '역사 = 이야기'론은 사실과 해석을 전혀 구별함이 없이 역사를 임의로 해석할 수 있다고 하는 역사 상대주의를 도출할 뿐만 아니라 세계사를 통일적으로 파악하는 역사과학의 의의를 부정해 버린다는 점에서 과거의 역사를 망각하고 싶어 하는 잘못된 역사관이라고 말할 수 있다.

사고양식의 계승자들

냉전의 종언이라는 20세기의 대사건을 어떠한 사상으로 그 의미를 파악할 것인가, 신보수주의와 포스트모던파인가 아니면 헤겔인가 하는 것은 10여 년이 지난 오늘날에도 계속해서 현재의 이해와 장래의 지침을 크게 좌우하는 문제이다. 물론 헤겔을 재평가한다고 하더라도 자연과학의 급속한 발달에 의해 과학의 개념이 크게 전환된 이상, 관념론 체계를 구축한 '체계의 정신'의 복권을 의미하는 것은 아니다. 하지만 '체계의 정신'과는 구별되는 '체계적 정신'(카시러, 1932), 요컨대 사고양식을 계승하는 것은 가능한바, 헤겔주의자들 이외에도 헤겔의 사고 방법을 계승하고자 한 선구자들이 발견된다.

예를 들면 독일 사상에 정통한 영국 자유주의자 존 스튜어트 밀은 헤겔의 진리관을 받아들여 사상과 토의의 자유를 처음으로 근거지었다(밀, 1858). 밀에 따르면 설사 인민의 정부라 하더라도 다음과 같은 이유들로부터 강제력을 행사하여 의견을 통제할 권리를 지니지 않는다. 첫째로, 어느 시대도 잘못을 피하지 못하고 인류는 잘못을 범할 수 있다는 것(오류 가능성)이 사실이기 때문에, 인민은 잘못을 범하며 올바른 의견을 억압하는 경우가 있을 수 있다. 둘째로, 설사 자신이 올바른 의견이라 하더라도 잘못된 생각을 반박할 수 없다면, 자신의 의견의 근거도 그 의미도 알지 못하게 된다. 셋째로, 상호적으로 대립하는 학설들이 모두 다 진리의 일면을 찌르는 경우가 통상적이다. 그리하여 공인된 의견은 자주 진리의 일부분에 지나지 않기 때문에 반대 의견이 진리의 다른 부분을 보완할 필요가 있다. 요컨대 "진리는 대립물을 화해시켜 결합시키는 점에 있기" 때문에 다양한 의견의 존재에 의해 비로소 진리의 모든 부분을 공평하게 다룰 수 있다. 이리하여 밀은 헤겔과 동일한 진리 다면설에 의해 사상과 토론의 자유를 근거지었을 뿐만 아니라, 사상과 학술의 자유는 진리야말로 추구해야 할 최고의 가치라고 하는 보이지 않는 전제에 뒷받침되어 있다는 점을 명확히 했다. 따라서 '정통'이라 칭하는 학설과 '개혁'의 도그마에 의해 정부가 강제력을 행사하고 진리를 추구하는 학술의 자유를 침해해서는 안 된다고 말할 수 있다.

두 번째 예로서 전후 일본의 사상사가인 마루야마 마사오(丸山眞男)는 이미 전쟁 중에 집필한 초기의 오규 소라이(荻生徂徠)론에서 헤겔의 변증법을 도쿠가와(德川) 시기의 유학의 역사에 적용하여 하야시 라잔(林羅山)으로부터 오규 소라이의 고학(古學)을 거쳐 모토오리 노리나가(本居宣長)의 국학(國學)에 이르는 주자학 수용 과정을 통일적으로 해석하고 있었다(마루야마, 1952). 「정통과 이단」 연구를 집약한 만년의 논문에서도 헤겔의 논리를 적용하여 다양한 세계 종교에서의 정통과 이단의 유형 구분을 행하고 있다. 마루야마에 따르면 이원적 긴장을 내포한 "양극성의 통일"이 정통 교의의 사고 패턴을 언표하는 데 반해, 상호적으로 대립하는 양 계기 사이의 지속적인 긴장을 견뎌내지 못하고서 일방의 계기로만 편향되게 되면 이단 사상에 빠진다고 한다(마루야마, 1980). 이것을 독일 관념론의 견해에 적용하게 되면, 헤겔의 사고양식은 정통 교의의 패턴에 적합한 데 반해, 그가 대결한 셸링의 동일철학을 비롯해서 헤겔 이후에 대두한 다양한 낭만주의 사상들은 일방의 계기로 편향된 이단 사상이게 된다.

또한 일본 사상의 원형을 고대 일본의 기기(記紀) 신화에서 찾은 1960년대의 강의에서 마루야마는 헤겔과 동일한 '역사에서의 이성'의 입장에서 일본의 역사의식의 특징을 추출하고 있다. 마루야마에 따르면 역사의식은 "영원과 시간의 교차"에 의해 비로소 자각된다. 요컨대 영원이라는 종축과 시간이라는 횡축이 십자를 그으며 교차한다고 생각할 때에 비로소 역사의 자각이 생겨난다. 이에 반해 궁극 목적을 결여하고 "되어 가는" 현재를 절대화하는 현재중심주의나 시세의 "대세"가 역사의 추진력을 이루는 역사주의가 일본인의 "역사의식의 오랜 층"을 이룬다고 한다(마루야마, 1972).

거기에는 극한 상황의 행동 양식에서 나타나는 집합적 무의식을 의식화하게 되면, 이것을 자각적으로 통제하고 "되어 가는 대세"의 일본적 역사주의를 극복할 수 있다고 하는, 헤겔의 '미네르바의 부엉이'와 동일한 문제 관심이 숨어 있었다. 마루야마 자신은 일본적 역사주의에 대한 통찰이 1930년대에 자유주의로부터 전체주의로의 이행을 역사의 필연이라고 믿었던 좌익 지식인들의 집단 전향을 목격한 시대 체험으로부터 얻어졌다고 회상하고 있다(마루야마, 2006, 도야마(遠山), 2010). 하지만 동일한 통찰이 어쩐지 으스스하게도 2001년 이후에 금융 시장의 글로벌화와 경쟁 원리의 도입을 역사의 필연이라고 생각한 일본 지식인들의 집단 전향이 보였던 신자유주의 시대에도 들어맞는다는 점은 시대를 넘어선 그 통찰의 진리성을 증명하고 있다고 말할 수 있다.

부정적 유산의 극복

그렇지만 헤겔의 유산에는 사고 방법처럼 계승해야 할 올바른 측면뿐만 아니라 극복해야 할 부정적 측면도 포함되어 있다. 극복해야 할 유산으로서는 다음과 같은 세 가지가 있을 것이다.

첫째로, 헤겔이 국민국가 원리의 형태로 정식화한 내셔널리즘을 들 수 있다. 내셔널리즘이란 근대 혁명 이후에 한 나라의 통일과 독립을 지향하는 사상과 운동의 형태를 취해 나타났지만, 최초의 목표를 달성하자마자 한 나라의 발전을 위해 식민지를 요구하는 제국주의로 전화하여 두 번에 걸친 전면 전쟁을 불러 일으켰다. 이러한 내셔널리즘의 역학을 극복하기 위해서는 전쟁에 의하지 않는 분쟁 해결을 위한 노력과 더불어 "관점의 탈중심화"의 노력이 요구된다(하버마스, 2004). 우리라고 하는 인식하는 자의 관점은 자신이 소속된 생활세계 속에서 서서히 형성되어 간다. 그 때문에 최초의 관점은 좁은 생활세계의 범위에 한정되어 자기중심적인 성격을 띠고 있는 것이 통례이다. 이에 반해 다른 생활세계와 접촉하고 다른 타자의 관점과 만나는 다른 문화 경험을 쌓게 되면, 자신의 관점의 상대성을 자각하고 자기중심적인 세계상을 벗어나 보편주의적인 세계상으로 점차 이행할 수 있을 것이다.

둘째로 극복해야 할 부정적 유산으로서 헤겔에 의한 칸트 비판의 일면성이 거론된다. 칸트학파의 강점은 현상계의 현실이 아무리 변화하더라도 예지계로부터 인간의 존엄을 정언적으로 명령하는 그 보편주의 윤리에 놓여 있었다. 하지만 헤겔에 의한 칸트의 엄격주의 비판은 칸트의 보편주의에 대해 특수주의의 여지를 대폭적으로 인정하는 것으로 되었다. 확실히 헤겔은 특수성의 긍정적 측면을 '주체적 자유'라고 부르며 인정하는 한편, 특수성의 부정적 측면을 '실체적 통일'에 의해 극복하고 보편성에로 되돌아오고자 노력했다. 하지만 두 가지 측면을 구별하는 기준이 불명확한 데 머물렀기 때문에 세습 군주와 귀족을 용인하는 현 상황 추인적인 자세나 보편적 이념의 수단으로서 권력 충동을 정당화하는 '이성의 간지'설로 이어졌다.

헤겔의 윤리 개념은 우리가 이제 그것을 예를 들어 보편주의를 일정한 특수성을 포함하는 느슨한 의미에서 다시 파악하여 사회·정치 제도 속에서 수미일관되게 실현하는 구상으로서 다시 이해하게 되면, 내면과 외면이라는 칸트의 이분법보다도 더 우수한 구상으로 될 수 있을 것이다. 그리고 결과의 평등을 최우선적으로 추구하는 나머지 사상과 신조의 자유와 기회의 평등을 희생시킨 공산주의 체제의 파탄을 근거로 할 때 우리는 보편주의의 내용으로서 양심과 인신의 자유와 같은 기본적 자유와 기회의 평등을 어디까지나 결과의 평등보다 우선시해야 한다고 하는 헤겔의 지적을 진지하게 검토해야 할 것이다.

마지막으로 극복해야 할 부정적 유산으로서 생각되는 것은 헤겔의 서구 중심주의로 귀착될 수 있는 '오리엔탈리즘'의 의혹이다. 논자들에 따르면 동양에 대한 서양 문화의 우위를 말하는 근대의 언설은 서구의 패권과 식민지주의를 정당화하는 정치적 기능을 수행해 왔다고 한다. 그러나 헤겔은 유럽 문화의 모든 면을 긍정하고 있는 것이 아닐 뿐만 아니라 그리스도교 문화의 모든 형태를 긍정하고 있는 것도 아니다. 오히려 우리는 헤겔이 구 유럽 세계의 봉건제 질서와 가톨릭 교권제에 대한 엄혹한 비판자였다는 점을 잘 인식할 필요가 있다. 그리고 헤겔의 오리엔트에 대한 논의도 당시에는 입수 가능한 풍부한 자료를 구사하여 비서구권의 문화를 통일적인 관점에서 분석하고자 한 획기적인 시도이며, 주체적 자유의 부재라는 (현재까지도 맞아떨어지는) 동아시아의 종교에 대한 날카로운 비판을 포함하고 있다는 점에도 주목할 필요가 있다. 더욱이 20세기에 비서구권에서 나타난 탈식민화 운동이 서구의 근대 혁명을 근거지은 민족 자결과 주체적 자유의 사상을 보편적 원리로서 수용하고 실현함으로써 수행되었으며 또 현재에도 그렇게 수행되고 있다는 사실은 부정될 수 없다. 그것은 아시아주의 등의 문화 상대주의의 언설에 의해서가 아니라 오히려 헤겔이 '역사에서의 이성'이라고 부른 자유의 실현 과정의 일환으로서 가장 잘 설명될 수 있다.

'역사에서의 이성'이라는 역사의 방향성이 헤겔이 생각한 것과 완전히 동일한 내용일 필요는 없다. 우리는 최근 두 세기의 역사적 경험을 근거로 하여 현재의 지평으로부터 '역사에서의 이성'을 좀 더 잘 이해할 수 있을 것이다. 그야 어쨌든 독일 계몽이 출발점으로 삼았던 이성의 자유로운 사용에 대한 신뢰, 요컨대 도그마와 '지도자'에 의존하지 않고 자기 스스로 생각한다고 하는 그러한 지성을 행사하는 용기야말로 시세에 떠밀리지 않고 장래의 역사를 창출해 가는 원동력으로서 이후에도 독일 고전 철학으로부터 계승해야 할 가장 우수한 유산이라고 생각한다.

후기

혜겔이라는 이름을 들으면 칸트와 같이 교양주의를 체현하는 철학자를 연상하는 사람들도 있을 뿐만 아니라 맑스와 같이 냉전 시대를 상징하는 철학자를 상기하는 사람들도 있을지 모른다. 본서는 이차 대전 이전부터의 교양주의와 동서 냉전의 시대가 지나가 버린 오늘날, 예비지식이 없는 사람들도 충분히 이해할 수 있도록 혜겔 철학의 전체상을 그려내고자한 시도이다. 종래의 비슷한 종류의 책들과는 달리 여기서는 최근 10년 사이에 크게 전진한 혜겔 연구의 성과도 아낌없이 담아냄으로써 혜겔의 중심 사상들을 설명하고자 했다. 난해하다고 하는 인상으로 인해 혜겔을 멀리해 온 사람들과 이전에 손을 뻗었지만 당해낼 수 없었던 사람들, 그리고 새롭게 흥미를 지니게 된 젊은 독자들에게 다가갈 수 있다면 다행일 것이다.

다만 혜겔은 카시러도 한탄했듯이(카시러, 1946) 연구자들 사이에서조차 완전히 평가가 확정되어 있다고는 말할 수 없는 다면적인 철학자이다. 예를 들어 프로이센 정부에 봉사하는 어용학자라든가 버크와 동일한 체질의 보수주의자라든가 청년 시대부터 일관되게 변함이 없는 낭만주의자라든가 고대 그리스 이래의 신플라톤주의자라든가와 같은 레테르를 붙여 헤겔을 이해했다고 생각하는 사람들이 아주 최근까지도 드물지 않았다. 본서는 이러한 레테르들이 모두 다 근거가 없는 잘못된 허상에 지나지 않는다는 것을 보이고, 헤겔의 실상을 미지의 독자들에게 소개한다고 하는 길 안내를 떠맡게 되었다.

본서가 그려내는 헤겔의 실상이란 한마디로 말하면 유럽 근대를 규범적으로 근거지은 최초의 근대의 철학자이자 칸트에서 시작되는 관념론을 마지막으로 완성시킨 철학자라고 말할 수 있다.

헤겔이 '최초의 근대의 철학자'라고 말하는 이유는, 하버마스도 말했듯이(하버마스, 1958), 헤겔이 근대에 관한 다양한 언설의 출발점에 위치하고 우리의 근대에 대한 견해를 오늘날까지 결정하고 있기 때문이다. 예를 들어 고대 그리스의 재생과 종교 개혁에서 시작되어 주권 국가의 형성과 프랑스 혁명으로 끝난다고 하는, 즉 우리가 학교에서 배우는 근대관은 바로 헤겔에서 유래하는 것이다. 그리하여 헤겔 철학은 유럽의 근현대사를 평가하는 척도를 이룰 뿐만 아니라 우리가 서 있는 현재의 지점을 재는 기준이 되기도 한다고 생각한다. 20여 년 전에 필자는 헤겔의 사상이 베를린 장벽 붕괴와 어떠한 관계를 지니는지를 더듬어 본 경험이 있지만, 본서의 마지막에서 이러한 현대적 문제에 대해서도 해답을 내놓고자 했던 것은 근대의 철학자라는 그의 기본적 성격 때문이다. 또한 혜안이 있는 독자들은 헤겔 철학이 하이데거를 비롯한 '근대의 극복'파에 대항하는 가장 강력한 사상적 거점을 제공해 준다는 것을 틀림없이 깨달을 수 있을 것이다.

헤겔이 '최후의 관념론의 완성자'라고 말하는 것은 우리를 둘러싼 현실의 세계는 다양한 개념들로 구성되어 있으며, 어떠한 개념을 사용하는가에 따라 그 현실이 달리 보인다고 하는 관념론의 입장을 철저히 파헤친 철학자가 바로 헤겔이기 때문이다. 그뿐만 아니라 현실 세계는 '개념의 자기 운동'에 의해, 요컨대 우리 자신의 사고 활동에 의해 변화될 수 있다고 하는 헤겔의 신념이야말로 그 후의 근현대사를 크게 움직여 온 사상이라고 말할 수 있다. 바로 이 점에 또한 현대에서의 헤겔 철학의 현실성이 존재한다.

2001년 이후 '글로벌화'와 '개혁' 정책에 수반하여 공론이 획일화되는 두드러진 경향이 보였지만, 이러한 시대 체험은 1930년대와 마찬가지로 현대 일본에 관념론 전통이 결정적으로 결여되어 있다는 것을 새삼스럽게 가르쳐 주었다. 관념론 입장에서 보게 되면, 현실의 세계는 ('글로벌화' 논자들이 이야기하듯이) 한 방향을 향해 필연적으로 진행되는 것이 아니라 다양한 가능성을 숨기고 있으며, 어떤 방향으로도 향할 수 있는 가변적인 성격을 지니기 때문이다. 따라서 과거의 사상으로부터 배워 자유로운 상상력을 활동시키는 사고 능력을 몸에 익히게 되면, 지배적 사상과는 상이한 또 다른 가능성을 현실 속에서 발견하고 현재를 좀 더 잘 이해할 수 있게 될 것이다. 본서의 마지막에서 논의했듯이, 헤겔 철학이 남긴 올바른 유산, 예를 들어 주체적 자유 및 국가와 사회의 구별, 초월론적 역사철학과 같은 사상들은 모두 다 장래에 대한 지침으로서의 역할을 수행할 수 있다. 이런 의미에서 헤겔은 현재에도 계속해서 살아 있다. 헤겔은 '최신의 현대 철학자'라고 하는 것이 필자의 생각인 것이다. 만약 이러한 관념론의 유산을 망각하고 과거의 사상으로부터 배우는 지적인 노력을 게을리 하게 된다면, 역사를 망각한 현재중심주의와 시대의 대세를 뒤쫓아 가는 일본적인 역사주의로 다시 되돌아가게 될 것이다.

헤겔을 초학자들에게도 충분히 알기 쉽게, 그것도 수준을 떨어뜨리지 않으면서 체계까지 포함하여 설명하고 싶다는 어려운 과제를 필자에게 의뢰하고 그 실현을 위해 노력을 아끼지 않은 것은 편집부의 오다노 고메이 (小田野耕明) 씨이다. 학술서의 딱딱한 문장에 익숙해져 온 필자가 이번에는 다소나마 일반 독자들을 향한 부드러운 문장 쪽으로 나아갈 수 있었다고 한다면, 그것은 오로지 오다노 씨의 끈질긴 지적과 교양주의에 대한 열의 덕분이다. 이 자리에 적어 감사드리고 싶다.

2013년 7월 말
곤자 다케시

참고 문헌

(참고 문헌의 제시는 본문에서 인용한 문헌에 한정한다. 서구 문헌의 간행연도는 원저의 간행연도를 가리킨다. 일본어 역의 인용은 이미 존재하는 역서 그대로가 아닌 경우들이 있다[지금 이 번역에서는 일본어 역 문헌과 그 서구어 원저, 그리고 우리말 번역이 있는 경우에는 그것들도 제시한다―옮긴이].)

머리말

• 롤즈, 2000: ロールズ『ロールズ 哲學史講義』下(みすず書房). John Rawls, *Lectures on the History of Moral Philosophy*, Harvard University Press, 2000.
• 하임, 1857: Rudolf Haym, *Hegel und seine Zeit*, Berlin 1857, Hildesheim / New York 1974.

- 마이네케, 1907: マイネッケ『世界市民主義と國民國家』I (岩波書店). Friedrich Meinecke, *Weltbürgertum und Nationalstaat: Studien zur Genesis des deutschen Nationalstaates*, 1908. 프리드리히 마이네케, 이상신, 최호근 옮김, 『세계시민주의와 민족국가―독일 민족국가의 형성에 관한 연구』, 나남, 2007.
- 포퍼, 1945: ポッパー『開かれた社會とその敵』第二部(未來社). Karl Popper, *The Open Society and Its Enemies*, 1945. 칼 포퍼, 이한구 옮김, 『열린 사회와 그 적들』 1, II, 민음사.
- 리터, 1957: リッター『ヘーゲルとフランス革命』(理想社). Joachim Ritter, *Hegel und französische Revolution*, 1957. 요하임 리터, 김재현 옮김, 『헤겔과 프랑스혁명』, 한울, 1983.
- 동트, 1968: ドント『ベルリンのヘーゲル』(法政大學出版局). Jacques D'Hondt, *Hegel en son temps, Berlin 1818-1831*, Paris, 1968.
- 아비네리, 1972: アヴィネリ『ヘーゲルの近代國家論』(未來社). Schlomo Avineri, *Hegels Theory of the Modern State*, London, 1972. , 슬로모 아비네리, 김장권 옮김, 『헤겔의 정치사상』, 한벗, 1981.

제1장

- 놀, 1907: *Hegels theologische Jugendschriften*, hrsg. von H. Nohl. Tübingen 1907. Frankfurt a. M. 1966. 抄譯, ヘーゲル『キリスト教の精神とその運命』(平凡社). 헤겔, 정대성 옮김, 『청년 헤겔의 신학론집』, 인간사랑, 2005.
- 헨리히, 1965: Dieter Henrich, "Leutwein über Hegel, ein Dokument zu Hegels Biographie," *Hegel-Studien*. Bd. 3. 1965.
- 루소, 1750, 1755, 1762: ルソー『學問藝術論』,『人間不平等起源論』,『社會契約論』(岩波文庫 외). Jean-Jacques Rousseau, *Discours sur les sciences et les arts*, 1750, *Discours sur l'origine et les fondements de l'inégalité parmi*

les hommes, 1754, *Du contrat social*, 1762. 장 자크 루소, 김중현 옮김, 『학문과 예술에 대하여 외』, 한길사, 2007. 최석기 옮김, 『인간불평등기원론 사회계약론』, 동서문화사, 2007.

- 주어캄프 판 전집 제1권: G. W. F. Hegel, *Werke in zwanzig Bänden*, Bd. 1, *Frühe Schriften*, Frankfurt a. M. 1971.

- 헤겔, 1798: *Hegels erste Druckschrift. Vertrauliche Briefe über das vormalige staatsrechtliche Verhältnis des Waadtlandes zur Stadt Bern* von Jean Jacques Cart, aus dem Französischen übersetzt und komentiert v. G. W. F. Hegel, Nachdruck der Ausgabe 1798, Göttingen, 1970.

- 서간집 제1권: *Briefe von und an Hegel*. Bd 1, hrsg. von J. Hoffmeister, Hamburg 1952.

- 루터, 1525: ルター「奴隷的意志」『世界の名著 23』(中央公論社).

- 포저, 2007: ポーザー「ライプニッツとドイツ啓蒙主義の倫理學」『理想』679 号, 2007年.

- 칸트, 1784: カント「啓蒙とは何か」『啓蒙とは何か 他四篇』(岩波文庫 외). Immanuel Kant, *Beantwortung der Frage: Was ist Aufklärung?*, 1784. 임마누엘 칸트, 이한구 옮김, 『칸트의 역사철학』, 서광사, 2009.

- 칸트, 1781·87, 1785, 1788: カント『純粹理性批判』, 『道德形而上學原論』, 『實踐理性批判』(岩波文庫 외). Immanuel Kant, *Kritik der reinen Vernunft*, 1781·87, *Grundlegung zur Metaphysik der Sitten*, 1785, *Kritik der praktischen Vernunft*, 1788. 임마누엘 칸트, 백종현 옮김, 『순수이성비판』1·2, 아카넷, 2006, 백종현 옮김, 『윤리형이상학 정초』, 아카넷, 2005, 백종현 옮김, 『실천이성비판』 아카넷, 2002.

- 데카르트, 1637: デカルト「方法序說」『世界の名著 27』(中央公論社). 르네 데카르트, 최명관 옮김, 『데카르트 연구–방법서설·성찰』, 창, 2012.

- 카시러, 1945: カッシーラ「カントとデカルト」『十八世紀の精神』(思索社). 에른스트 카시러, 유철 옮김, 『루소 칸트 괴테』, 서광사, 1996.

- 이시카와, 1995: 石川文康(이시카와 후미야스)『カント入門』(ちくま新書).

- 휠덜린, 1795a: F. Hölderlin, *Sämtliche Werke*, Bd. 4 *Der Tod des Empedokles, Aufsätze*, hg. v. F. Beißner, Stuttgart 1961.
- 휠덜린, 1795b, 1797 · 99: F. Hölderlin, *Sämtliche Werke*, Bd. 3 *Hyperion*, hg. v. F. Beißner, Stuttgart 1957. 抄譯, ヘルダーリン『ヘルダーリン全集 3』(河出書房新社). 프리드리히 휠덜린, 장영태 옮김, 『휘페리온』(을유세계문학전집 11), 을유문화사, 2008.
- 실러, 1795: F. Schiller, "Über die ästhetische Erziehung des Menschen in einer Reihe von Briefen" in: *Sämtliche Werke*, Bd. 5 *Erzählungen / Theoretische Schriften*, hg. v. G. Fricke und H. G. Göpfert, München 1980. 일본어 역, シラー『人間の美的教育について』(法政大學出版局). 프리드리히 실러, 안인희 옮김, 『미학 편지—인간의 미적 교육에 관한 실러의 미학 이론』, 휴먼아트, 2012.
- 야코비, 1785: F. H. Jacobi, *Über die Lehre des Spinoza in Briefen an den Herrn Moses Mendelssohn*, Hamburg, 2000.
- 스타로뱅스키, 1957: スタロバンスキー『ルソー 透明と障害』(みすず書房). Jean Starobinski, *Jean-Jacques Rousseau: la transparence et l'obstacle*, Paris, Plon, 1957.
- 자프란스키, 2007: ザフランスキー『ロマン主義—あるドイツ的な事件』(法政大學出版局). Rüdiger Safranski, *Romantik: Eine deutsche Affäre*, München, Hanser, 2007. 뤼디거 자프란스키, 정민영 외 옮김, 『낭만주의—판타지의 뿌리』, 한국외국어대학교출판부, 2012.
- 얌메, 1982: "Hegels Frankfurter Fragment 'welchem Zwecke dem'", mitgeteilt und erläutert v. Ch. Jamme, *Hegel-Studien* Bd. 17, 1982.
- 로젠크란츠, 1844: Johann Karl Friedrich Rosenkranz, *Georg Wilhelm Friedrich Hegels Leben*, Berlin 1844, Darmstadt 1699. 일본어 역, ローゼンクランツ『ヘーゲル傳』(みすず書房).

제2장

- 윌슨, 1999: ウィルスン『神聖ローマ帝國 1495-1806』(岩波書店): Peter H. Wilson, *The Holy Roman Empire 1495-1806: A European Perspective*, MacMillan Press, 1999.

- 아카데미 판 전집 제5권: G. W. F. Hegel, *Gesammelte Werke*, Bd. 5 *Schriften und Entwürfe* (1799-1808), Hamburg 1998. 일본어 역, ヘーゲル「ドイツ憲法論」『政治論文集』上(岩波文庫).

- 셸링, 1795: F. W. J. Schelling, *Historisch-kritische Ausgabe*, Reihe Ⅰ, *Werke* 2, hg. v. H. M. Baumgartner u. a. Stuttgart / Bad Cannstatt 1980. 프리드리히 W. J. 셸링, 한자경 옮김,『철학의 원리로서의 자아』, 서광사, 1999.

- 셸링, 1797-98: F. W. J. Schelling, *Historisch-kritische Ausgabe*, Reihe Ⅰ, *Werke* 4, hg. v. H. M. Baumgartner u. a. Stuttgart / Bad Cannstatt 1988.

- 셸링, 1800: F. W. J. Schelling, *Historisch-kritische Ausgabe*, Reihe Ⅰ, *Werke* 9, hg. v. H. M. Baumgartner u. a. Stuttgart / Bad Cannstatt 2005. 프리드리히 W. J. 셸링, 전대호 옮김,『초월적 관념론 체계』, 이제이북스, 2008.

- 셸링, 1801: F. W. J. Schelling, *Historisch-kritische Ausgabe*, Reihe Ⅰ, *Werke* 10, hg. v. H. M. Baumgartner u. a. Stuttgart / Bad Cannstatt 2009. 일본어 역, シェリング「私の哲學體系の敍述」『シェリング著作集 3』(燈影舍). 프리드리히 W. J. 셸링, 권기환 옮김,『나의 철학 체계의 서술』, 누멘, 2010.

- 슐츠, 1968: シュルツ 解說『フィヒテ＝シェリング往復書簡』(法政大學出版局).

- 주어캄프 판 전집 제2권: G. W. F. Hegel, *Werke in zwanzig Bänden*, Bd. 2, *Jenaer Schriften (1801-1807)*, Frankfurt a. M. 1971. 일본어 역,

ヘーゲル『理性の復權』(批評社), ヘーゲル『信仰と知』(岩波書店), ヘーゲル『近代自然法批判』(世界書院). G. W. F. 헤겔, 임석진 옮김, 『피히테와 셸링 철학체계의 차이』, 지식산업사, 1989, 황설중 옮김, 『믿음과 지식』, 아카넷, 2003, 김준수 옮김, 『자연법』, 한길사, 2004.

- 아카데미 판 전집 제7권: G. W. F. Hegel, *Gesammelte Werke*, Bd. 7 *Jenaer Systementwürfe II*, Hamburg 1971.
- 아카데미 판 전집 제9권: G. W. F. Hegel, *Gesammelte Werke*, Bd. 9 *Phänomenologie des Geistes*, Hamburg 1980. G. W. F. 헤겔, 임석진 옮김, 『정신현상학』 1, 2, 한길사, 2005.
- 아카데미 판 전집 제8권: G. W. F. Hegel, *Gesammelte Werke*, Bd. 8 *Jenaer Systementwürfe III*, Hamburg 1976. 일본어 역, ヘーゲル『イェーナ體系構想: 精神哲學草稿 I・II』(法政大學出版局).

제3장

- 슈크, 1994: G. Schuck, *Rheinbundpatriotismus und politische Öffentlichkeit zwischen Aufklärung und Frühliberalismus*, Stuttgart 1994.
- 서간집 제2권: *Briefe von und an Hegel*. Bd 2, hrsg. von J. Hoffmeister, Hamburg 1953.
- 아카데미 판 전집 제15권: G. W. F. Hegel, *Gesammelte Werke*, Bd. 15 *Schriften und Entwürfe (1817-1825)*, Hamburg 1990. 일본어 역, ヘーゲル「一八一五年および一八一六年におけるヴュルテンベルグ王國地方民會の討論」『政治論文集』下(岩波文庫).
- 곤자, 2010: 權左武志, 『ヘーゲルにおける理性・國家・歷史』(岩波書店).
- 고즈마, 1988: ヘーゲル, 上妻精(고즈마 다다시) 編譯『ヘーゲル敎育論集』(國文社).
- 아카데미 판 전집 제13권: G. W. F. Hegel, *Gesammelte Werke*, Bd. 13

Enzyklopädie der philosophischen Wissenschaften im Grundrisse (*1817*), Hamburg 2000. 제3판의 일본어 역, 『小論理學』, 『自然哲學』, 『精神哲學』(岩波書店). G. W. F. 헤겔, 김계숙 옮김, 『헤겔 논리학』, 서문문화사, 1997, 박병기 외 옮김, 『정신철학』, 울산대학교출판부, 2000, 박병기 옮김, 『헤겔 자연철학 1·2—철학적 학문의 백과사전 강요 제2부』, 나남출판, 2008.

- 주어캄프 판 전집 제7권: G. W. F. Hegel, *Werke in zwanzig Bänden*, Bd. 7, *Grundlinien der Philosophie des Rechts*, Frankfurt a. M. 1971. 일본어 역, ヘーゲル『法の哲學』(中公クラシックス, 岩波書店). G. W. F. 헤겔, 임석진 옮김, 『법철학 1·2』, 지식산업사, 1989·1990.

- 1817년도 강의: G. W. F. Hegel, *Vorlesungen*, Bd. I *Vorlesungen über Naturrecht und Staatswissenschaft* (*Heidelberg 1817/1818*), nachgeschrieben von P. Wannemann, hg. v. C. Becker u. dgl. mit einer Einleitung von O. Pöggeler, Hamburg 1983. 일본어 역, ヘーゲル『自然法と國家學講義』(法政大學出版局).

- 1818년도 강의: G. W. F. Hegel, *Die Philosophie des Rechts, Die Mitschriften Wannemann* (*Heidelberg 1817/1818*) *und Homeyer* (*Berlin 1818/1819*), hg. eingeleitet u. erläutert v. K. H. Ilting, Stuttgart 1983. 일본어 역, ヘーゲル『自然法および國家法』(晃洋書房).

- 1819년도 강의: G. W. F. Hegel, *Philosophie des Rechts, Die Vorlesungen von 1819/1820 in einer Nachschrift*, hg. v. D. Henrich, Frankfurt a. M. 1983. 일본어 역, ヘンリッヒ 編『ヘーゲル法哲學講義錄』(法律文化社).

- 1822년도 강의a, 1824년도 강의: G. W. F. Hegel, *Vorlesungen über Rechtsphilosophie 1818-1831*, Edition und Kommentar in sechs Bänden v. K. H. Ilting, Bd. 3, 4, Stuttgart / Bad Canstatt 1974. 일본어 역, ヘーゲル『ヘーゲル教授殿の講義による法の哲學』(晃洋書房), ヘーゲル『法哲學講義』(作品社).

- 벨라, 1985: ベラー『心の習慣』(みすず書房). Robert N. Bellah, *Habits of*

the Heart: *Individualism and Commitment in American Life*, University of California Press, 1985.

• 토크빌, 1835: トクヴィル『アメリカのデモクラシー』第1卷(岩波文庫). Alexis de Tocqueville, *De la démocratie en Amerique*, 1835/1840. 알렉시스 드 토크빌, 박지동 외 옮김, 『미국의 민주주의 1·2』, 한길사, 2002.

• 리델, 1969: M. Riedel, *Studien zu Hegels Rechtsphilosophie*, Frankfurt a. M. 1969, erweiterte Neuausgabe 1982. M. 리델 지음, 황태연 옮김, 『헤겔의 사회철학』, 한울, 1983.

• 로젠츠바이크, 1920: F. Rosenzweig, *Hegel und der Staat*, Bd. 2, München / Berlin 1920.

제4장

• 1822년도 강의b, 1824년도 강의: G. W. F. Hegel, *Vorlesungen*, Bd. 12 *Vorlesungen über die Philosophie der Weltgeschichte* (1822/23), hg. v. K. H. Ilting, Brehmer und H. N. Seelmann, Hamburg 1996.

• 크로이처, 1819-21: F. Creuzer, *Symbolik und Mythologie der alten Völker, besonders der Griechen* 4 Bde, Leipzig / Darmstadt 1810-12, 2, Aufl. 1819-21.

• 마루야마, 1984: 丸山眞男(마루야마 마사오)「原型·古層·執拗低音」『日本文化のかくれた形』(岩波書店).

• 가다머, 1960: H. G. Gadamer, *Wahrheit und Methode*, Tübingen 1960. 일본어 역, ガダナー『眞理と方法』II(法政大學出版局). 한스 게오르크 가다머, 이길우 외 옮김, 『진리와 방법 1·2—철학적 해석학의 기본 특징들』, 문학동네, 2012.

• 하이만, 2005: G. W. F. Hegel, *Die Philosophie der Geschichte, Vorlesungsmitschrift Heimann (Winter 1830/1831)*, hg. v. K. Vieweg,

München 2005.

- 아카데미 판 전집 제18권: G. W. F. Hegel, *Gesammelte Werke*, Bd. 18 *Vorlesungsmanuskripte II (1816-1831)*, Hamburg 1995.
- 칼 헤겔: G. W. F. Hegel, *Philosophie der Weltgeschichte,* nach den Vorlesungen seines Vaters, von F. W. K. Hegel (Wintersemester 1830-1831).
- 셸링, 1809: F. W. J. Schelling, *Philosophische Untersuchungen über das Wesen der menschlichen Freiheit und die damit zusammenhängenden Gegenstände*, hg. v. Th. Bucheim, Hamburg 1997. 일본어 역, シェリング 「人間的自由の本質とそれに關連する諸對象についての哲學的探究」『シェリング著作集 4a』(燈影舍). 프리드리히 W. J. 셸링, 최신한 옮김, 『인간적 자유의 본질 외』, 한길사, 2000.
- 아카데미 판 전집 제15권: G. W. F. Hegel, *Gesammelte Werke*, Bd. 15 *Schriften und Entwürfe (1817-1825)*, Hamburg 1990. 일본어 역, ヘーゲル 「F. H. ヤコービ著作集第三卷の書評」 寄川條路(요리카와 죠지) 編譯『初期 ヘーゲル哲學の軌跡』(ナカニシヤ出版).

제5장

- 뢰비트, 1941: レヴィト『ヘーゲルからニーチェへ』(岩波書店). Karl Löwith, *Von Hegel zu Nietzsche*, 1988; Neuausgabe: Meiner, Hamburg 1995. 칼 뢰비트, 강학철 옮김, 『헤겔에서 니체로—마르크스와 키어케고어, 19세기 사상의 혁명적 결렬』, 민음사, 2006.
- 슈내델바흐, 1974: シュネーデルバッハ『ヘーゲル以後の歷史哲學』(法政大學出版局). Herbert Schnädelbach, *Geschichtsphilosophie nach Hegel. Die Probleme des Historismus*, Freiburg u. München, 1974. 헤르베르트 슈내델바흐, 이한우 옮김, 『헤겔 이후의 역사철학』, 문예출판사, 1987.
- 슈내델바흐, 1983: シュネーデルバッハ『ドイツ哲學史』(法政大學出版局).

Herbert Schnädelbach, *Philosophie in Deutschland 1831-1933*. Frankfurt a. M. 1983.

- 마이네케, 1924: マイネッケ「近代史における國家理性の理念」『世界の名著 65』(中央公論史). Friedrich Meinecke, *Die Idee der Staatsräson in der neueren Geschichte*, 1924. 프리드리히 마이네케, 이광주 옮김,『국가권력의 이념사』, 한길사, 2010.

- 시에예스, 1789: シィエス『第三身分とは何か』(岩波文庫). Emmanuel Joseph Sieyès, *Qu'est-ce que le tiers-état?*, 1789. E. J. 시에예스, 박인수 옮김,『제3신분이란 무엇인가』, 책세상, 2003.

- 맑스, 1844a: マルクス『ユダヤ人問題によせて・ヘーゲル法哲學批判序 說』(岩波文庫). Karl Marx, *Zur Judenfrage*, 1843, *Zur Kritik der Hegelschen Rechtsphilosophie. Einleitung*, 1844. 칼 맑스, 강유원 옮김,『헤겔 법철학 비판』, 이론과 실천, 2011.

- 맑스, 1844b: マルクス『經濟學・哲學草稿』(岩波文庫),『マルクス パリ手稿』(御 茶の水書房). Karl Marx, *Ökonomisch-Philosophische Manuskripte von 1844*, 1844. 칼 맑스, 강유원 옮김,『경제학 철학 수고』, 이론과 실천, 2006.

- 맑스・엥겔스, 1845-46: マルクス・エンゲルス『新編輯版ドイツ・イデオ ロギー』(岩波文庫). Karl Marx/Friedrich Engels, *Die deutsche Ideologie*, 1846, 칼 맑스・프리드리히 엥겔스, 박재희 옮김,『독일 이데올로기(1)』, 청년사, 2007.

- 엥겔스, 1883: エンゲルス『空想より科學へ』(岩波文庫). Friedrich Engels, *Die Entwicklung des Sozialismus von der Utopie zur Wissenschaft*, 1880. 프리드리히 엥겔스, 박광순 옮김,『공상에서 과학으로—사회주의의 발 전』, 범우사, 2006.

- 베버, 1918: ヴェーバー「新秩序ドイツの議會と政府」『政治論集 2』(みすず 書房). Max Weber, *Parlament und Regierung im neugeordneten Deutschland*, 1918.

- 니체, 1872: ニーチェ『ニーチェ全集 2・悲劇の誕生』(ちくま學藝文庫).

Friedrich Nietzsche, *Die Geburt der Tragödie oder Griechentum und Pessimismus*, 1872. 프리드리히 니체, 이진우 옮김, 『비극의 탄생·반시대적 고찰』, 책세상, 2005.

- 니체, 1874: ニーチェ『ニーチェ全集 4·反時代的考察』(ちくま學藝文庫). Friedrich Nietzsche, *Unzeitgemäße Betrachtungen*, 1874. 프리드리히 니체, 이진우 옮김, 『비극의 탄생·반시대적 고찰』, 책세상, 2005.
- 니체, 1906: ニーチェ『ニーチェ全集 12, 13·權力への意志』(ちくま學藝文庫). Friedrich Nietzsche, *Der Wille zur Macht*, 1906. 프리드리히 니체, 강수남 옮김, 『권력에의 의지』, 청하, 1988.
- 기다, 2000: 木田元(기다 겐)『ハイデガー『存在と時間』の構築』(岩波書店).
- 하버마스, 1962: ハーバーマス『公共性の構造轉換』(未來社). Jürgen Habermas, *Strukturwandel der Öffentlichkeit*, Luchterhand. 1962. 위르겐 하버마스, 한승완 옮김, 『공론장의 구조변동——부르주아 사회의 한 범주에 관한 연구』, 나남출판, 2004.
- 후쿠야마, 1989: F. Fukuyama, "The End of History?", *The National Interest*, Summer 1989.
- 코제브, 1947: コジェーヴ『ヘーゲル讀解入門』(國文社). Alexandre Kojève, *Introduction à la lecture de Hegel*, 1947. 알렉상드르 꼬제브, 설헌영 옮김, 『역사와 변증법: 헤겔철학의 현대적 접근』, 도서출판 한벗, 1980.
- 리오타르, 1979: リオタール『ポスト·モダンの條件』(書肆風の薔薇). Jean-François Lyotard, *La Condition postmoderne: Rapport sur le savoir*, Paris: Éditions de Minuit, 1979. 장 프랑수아 리오타르, 이현복 옮김, 『포스트모던적 조건——정보 사회에서의 지식의 위상』, 서광사, 1992.
- 노에, 2005: 野家啓一(노에 게이이치)『物語の哲學』(岩波現代文庫).
- 카시러, 1932: カッシーラー『啓蒙主義の哲學』(ちくま學藝文庫). Ernst Cassirer, *Die Philosophie der Aufklärung*, Tübinen, 1932. 에른스트 카시러, 박완규 옮김, 『계몽주의 철학』, 민음사, 1995.
- 밀, 1859: ミル『自由論』(岩波文庫 외). John Stuart Mill, *On Liberty*, 1859.

존 스튜어트 밀, 박홍규 옮김, 『자유론』, 문예출판사, 2009 외.

- 마루야마 1952: 丸山眞男(마루야마 마사오)『日本政治思想史硏究』(東京大學出版會). 마루야마 마사오, 『일본정치사상사연구』, 통나무, 1998.
- 마루야마, 1972: 丸山眞男「歷史意識の「古層」」『丸山眞男集』第10卷(岩波書店).
- 마루야마, 1980: 丸山眞男「闇齋學と闇齋學派」『丸山眞男集』第11卷(岩波書店).
- 마루야마, 2006: 松澤弘陽(마쓰자와 히로아키)・植手通有(우에테 미치아리) 編『丸山眞男回顧談』上・下(講談社).
- 도야마, 2010: 遠山敦(도야마 아츠시)『丸山眞男──理念への信』(講談社).
- 하버마스, 2004: ハーバーマス『引き裂かれた西洋』(法政大學出版局). Jürgen Habermas, *Der gespaltene Westen: Kleine politische Schriften X*, Suhrkamp, 2004. 위르겐 하버마스, 장은주・하주영 옮김, 『분열된 서구──열 번째 정치적 소저작 모음』, 나남출판, 2009.

후기

- 카시러, 1946: カッシーラー『國家の神話』(創文社). Ernst Cassirer, *The Myth of the State*, 1946. 에른스트 카시러, 최명관 옮김, 『국가의 신화』, 창, 2013.
- 하버마스, 1985: ハーバーマス『近代の哲學的ディスクルス』Ⅰ(岩波書店). Jürgen Habermas, *Der philosophische Diskurs der Moderne: Zwölf Vorlesungen Jürgen Habermas*, Frankfurt: Surkamp Verlag, 1985. 위르겐 하버마스, 이진우 옮김, 『현대성의 철학적 담론』, 문예출판사, 1994.

간략 연보

서기 (연령)	헤겔에 관련된 사건	동시대의 사건
1770 (0)	슈투트가르트에서 태어남(8월 27일)	
1777 (7)	김나지움에 입학	
1781 (11)		칸트 『순수이성비판』 초판
1785 (15)		칸트 『윤리 형이상학 정초』
		야코비 『스피노자의 교설에 관한 서한』
1788 (18)	튀빙겐 신학원 입학(10월)	칸트 『실천이성비판』
1789 (19)		프랑스 혁명 발발(7월)
1792 (22)	초고 「민중종교와 그리스도교」(~93년)	
1793 (23)	신학원 졸업. 베른에서 가정교사(가을)	루이 16세 처형(1월)
		대프랑스 동맹 결성(2월)
		공포 정치 시작(10월)
		칸트 『순수 이성의 한계 내에서의 종교』
1794 (24)		피히테 『전체 학문론의 기초』(~95년)
1795 (25)	초고 「그리스도교의 실정성」	바젤 강화 조약(4월)
		칸트 『영원한 평화를 위하여』
		실러 「미적 교육에 관한 서한」
1796 (26)		피히테 『자연법의 기초』(~97년)
1797 (27)	프랑크푸르트에서 가정교사(1월)	라슈타트 강화 회의(12월~99년 4월)
		칸트 『윤리 형이상학』
		횔덜린 『휘페리온』(~99년)

1798 (28)	『카르 친서』 독일어 역 출간(봄)	셸링, 예나 대학 원외 교수
	뷔르템베르크서 출간 중지(8월)	
	초고 「그리스도교의 정신과 그 운명」	
	(~99년)	
1799 (29)	부친 사망(1월)	제2차 대프랑스 동맹(4월)
1800 (30)	「체계 단편」(9월 이전)	셸링 『초월론적 관념론의 체계』(5월)
1801 (31)	예나로 옮김(1월)	뤼네비유 조약(2월)
	교수 자격을 취득(10월)	셸링 「나의 철학 체계의 서술」(5월)
	『피히테와 셸링 철학 체계의 차이』 출간	
	(10월)	
	「독일의 헌법」 주요 초고(~02년)	
1802 (32)	「신앙과 지식」 「자연법 논문」 공표	
1803 (33)		제국 대표자 회의 본결의(2월)
1804 (34)		나폴레옹 법전(3월)
		나폴레옹 황제 즉위(5월)
1805 (35)		제3차 대프랑스 동맹(8월)
		아우스테를리츠 전투(12월)
1806 (36)	나폴레옹을 목격(10월)	라인 동맹 설립(7월)
		신성 로마 제국 붕괴(8월)
		예나 전투에서 프로이센 대패(10월)
1807 (37)	밤베르크에서 신문 편집자(3월)	틸지트 화약(7월)
	『정신현상학』 출간(4월)	피히테 『독일 국민에게 고함』(~08년)
1808 (38)	뉘른베르크에서 김나지움 교장(11월)	
1809 (39)		셸링 『인간적 자유의 본질에 관한 철 학적 탐구』
1810 (40)		베를린 대학 설립(9월)
1811 (41)	결혼(9월)	
1812 (42)	『논리의 학』 제1권·제1부 출간	
1813 (43)	『논리의 학』 제1권·제2부 출간	국민들의 전쟁(10월)

1814 (44)		피히테 사망(1월)
		프랑스 헌장(6월)
		빈 회의 개시(9월)
1815 (45)		독일 연방 결성(6월)
1816 (46)	『논리의 학』 제2권 출간	
	하이델베르크 대학 교수(10월)	
1817 (47)	「뷔르템베르크 영방의회론」	발트부르크 축제(10월)
	『엔치클로페디』 출간(여름)	
1818 (48)	베를린 대학 교수(10월)	
1819 (49)		잔트의 테러 사건(3월)
		칼스바트 결의(9월)
1820 (50)	『법철학 요강』 출간(10월)	빈 최종 규약(5월)
1821 (51)		프로이센, 헌법 제정을 무기 연기(6월)
1822 (52)	역사철학 강의를 시작(겨울 학기)	
1827 (57)	『학술비판연보』 창간(1월)	
	『엔치클로페디』 제2판	
1829 (59)	베를린 대학 총장(10월)	
1830 (60)	아우구스부르크 신앙 고백 기념식전에서 식사(6월)	7월 혁명 발발(7월)
	총장 사임(10월)	
	『엔치클로페디』 제3판	
	최후의 역사철학 강의(겨울 학기)	
	「영국 선거법 개정 법안에 대하여」 공표	
1831 (61)	사거(11월 14일)	
	『헤겔 전집』 출간 개시(~40년)	
1832		영국에서 선거법 개정(6월)

색인

옮긴이 후기

　이 책은 權左武志, ヘーゲルとその時代, 岩波新書(1454), 2013을 옮긴 것이다. 저자인 곤자 다케시는 1959년생으로 도쿄 대학 법학부를 졸업했다. 그는 1990-92년에는 독일 보쿰 대학에 유학하여 헤겔 아르히브의 객원 연구원으로 연구했으며, 그 후 홋카이도 대학 대학원에서 1993년에 「헤겔 정치철학의 생성과 구조(1793-1820)──형성·발전사 및 1817/18년 강의와 연관하여」로 법학 박사를 취득했다. 1993년부터 홋카이도 대학의 법학연구과 교수로 재직하고 있는 그의 전공은 정치사상사와 정치학이다. 저서로는 지금 이 『헤겔과 그의 시대』 이외에 『헤겔에서의 이성·국가·역사』(岩波書店, 2010)가 있는데, 이 책은 2011년에 제23회 와쓰지 데쓰로(和辻哲郎) 문화상을 수상했다. 옮긴 책으로는 윌리엄 E. 코놀리, 『아이덴티티/차이──타자성의 정치』(岩波書店, 1998)가 있으며, 그 밖에 「헤겔의 낭만주의 비판──수용에서 극복에로」, 「제3제국의 창립과 연방제 문제──칼 슈미트는 어떻게 국가사회주의자가 되었는가?」, 「제국의 붕괴, 라인동맹 개혁과 국가 주권의 문제──헤겔 주권 이론의 형성과 그 역사적 배경」, 「바이마르

시기 칼 슈미트의 정치사상—근대 이해의 변천을 중심으로」, 「'역사에서의 이성'은 어떻게 유럽에서 실현되었는가?—헤겔 역사철학의 성립과 그 신학적-국가체제사적 배경」, 「헤겔 정치철학의 생성과 구조」 등의 많은 논문이 있다.

　지난해 옮긴이는 모 대학원에서 주로 정치 · 사회철학에 관심을 지니는 학생들과 헤겔의 『법철학 요강』을 강독할 기회를 가졌다. 한 학기라는 짧은 시간이었기 때문에 '서문'과 '서론'에 한정될 수밖에 없었지만, 학생들은 열의를 가지고 헤겔 철학 일반, 특히 헤겔 『법철학 요강』의 세계에 들어서고자 애썼다. 그때 우리는 무엇보다도 우선 텍스트에 대한 정확한 이해를 도모하고자 했다. 하지만 헤겔의 논의를 따라가고자 하는 우리의 시도는 자연스럽게 헤겔 철학 체계의 체계이론적인 이해, 헤겔의 철학사적 연관, 헤겔과 당시의 역사적 현실의 관련, 헤겔 철학의 현대적 의의 등과 같은 주제 영역들로 이어지지 않을 수 없었다. 옮긴이는 강의자로서 제기되는 이런저런 문제들에 성실하게 대답하고 관련된 참고문헌들을 제시하는 한편, 그것들을 우리가 읽어나가는 텍스트의 맥락에서 다시 확인하고자 했다. 그러나 가령 헤겔과 낭만주의, 헤겔과 계몽주의, 헤겔과 프랑스 혁명, 헤겔과 전체주의, 헤겔과 맑스주의, 헤겔과 자유주의 및 공동체주의 등등과 관련하여 제기되는 많은 문제들을 개별적으로뿐만 아니라 상호 간의 유기적 연관 속에서 해명하는 것은 언제나 무언가 아쉬움을 남길 수밖에 없었는데, 왜냐하면 그러한 문제들에 대한 논의 자체가 수많은 배경적 지식들을 필요로 할 뿐만 아니라 무엇보다도 우선 그러한 논의들을 헤겔의 텍스트 자체에 근거하여 해명하는 데서 수많은 어려움을 겪지 않을 수 없었기 때문이다. 그 어려움은 헤겔의 철학 자체, 특히 그의 정치철학이 많은 우여곡절을 동반한 변화와 발전의 모습을 보여주고 나아가 서로 상반된 해석마저도 허락하는 듯이 보이는 까닭에 더욱 심화되지 않을 수 없었다. 우리는 헤겔의 정치철학에 접근할 통로를 어디서 어떻게 발견할 수 있을 것인가?

　사실 헤겔이 법철학과 국가철학의 역사에서 가장 중요한 저작 가운데 하나인 『법철학 요강』과 같은 작품을 쓸 수 있었던 것은 다만 그가 젊은 시절부터 생애 마지막에 이르기까지 자기 시대의 역사적이고 정치적인 사건의 명민한 관찰자·기록자였기 때문이다. 신성 로마 제국의 내적으로 사멸한 국가체제를 기술하는 초기의 『독일의 헌법』, 단순한 인용에 의해 그 정체가 폭로되는 뷔르템베르크 신분제 사회의 편협함에 반대하여 나라에 근대적인 헌법을 주고자 한 국왕의 편을 드는 1817년의 『1815·1816년 뷔르템베르크 왕국 민회에서의 토론』, 19세기 영국의 헌법상의 변혁을 둘러싼 대대적인 투쟁을 아직 그것이 평화적으로 해결되기 이전에 전문적이고도 예의주시하는 눈길로 주제화하는 1831년의 『영국 선거법 개정안에 대하여』의 각각 모두에서 헤겔은 자기 시대의 정치적 변화들을 민감하고도 세밀하게 기록했다. 그래서 옮긴이에게는 이러한 헤겔 정치철학의 발전사 전체를 그의 텍스트에 밀착하되 당대의 사상사적 연관과 그때그때마다 헤겔에게 제기된 시대적 과제들 및 영향작용사적 측면과 관련하여 전개하는 저술에 대한 아쉬움이 제기되지 않을 수 없었는데, 그러한 상황에서 마침 눈에 띈 것이 바로 이 곤자 다케시의 『헤겔과 그의 시대』였다. 더군다나 저자는 헤겔 아르히브에서 헤겔 역사철학 강의록의 편찬 작업에도 참여한 바 있었다.

　저자는 이 『헤겔과 그의 시대』에서 헤겔 철학을 그의 대표적인 세 개의 저작, 즉 『정신현상학』과 『법철학 요강』 그리고 『역사철학 강의』를 중심으로 그가 살아가며 부딪쳤던 시대적 과제들을 언급하며 설명하고 있다. 왜냐하면 헤겔 스스로가 철학이란 "그 시대를 사상 속에서 파악한 것"이라고 정의하고 철학자가 현재의 세계를 넘어서고자 생각하는 것이 하나의 어리석음이라고 말하고 있듯이 아무리 추상적인 이론이나 학설도 지극히 생생한 구체적인 생활 체험으로부터 산출되는 까닭에, 하나의 사상을 참으로 이해하기 위해서는 무엇보다도 우선 그 사상가가 살아간 생활세계로까지 내려가지 않으면 안 되기 때문이다. 요컨대 한 사상가에 접근하기 위해서는 그가 어떠한 시대를 살고 어떠한 시대의 과제에 몰두했으며 또한 수많은 생활체험을 어떻게 일반화하고 사상으로까지 승화시켰는지를 이해할 필요가 있다고 하는 것이다.

그리하여 저자는 헤겔 철학의 창조·재창조 과정과 그 영향작용을 다음과 같은 세 가지 관점에서 재구성하고 있다. 그것은 첫째, 역사적 관점, 즉 헤겔이 지녔던 시대 체험과 역사적 맥락에 주목하는 것이다. 둘째, 사상사적 관점, 즉 사상의 창조 과정이 '무로부터의 창조'를 의미하지 않는 까닭에, 과거의 사상을 새로운 관점에서 고쳐 읽어가는 헤겔의 '재창조' 형태를 고려하는 것이다. 저자는 다른 계보의 사상들이나 문화들이 서로 충돌하고 융합하는 과정에 주목함으로써 헤겔 철학의 성립을 설명한다. 셋째, 영향작용사적 관점, 즉 헤겔 사상이 그 후의 시대와 현대에 이르기까지 어떠한 영향작용을 미쳤는지를 검토하는 것이다. 이는 '헤겔과 그의 시대'에 역사적으로 접근하는 것이 그와 동시에 현대의 우리에게 함의하는 장래에 대한 지침을 형성하는 것임을 의미한다.

그리하여 본서는 제1장과 제2장에서 『정신현상학』에 이르는 초기 사상의 발전사를 다루고, 나아가 헤겔 사상의 기본 원리와 사유방법인 변증법을 설명한다. 이러한 맥락에서 떠오르는 핵심어들은 루소, 독일의 계몽, 프랑스 혁명, 나폴레옹, 칸트 철학, 독일 관념론, 종교개혁 이래의 프로테스탄트주의, 낭만주의, 고대 그리스의 발견, 신성 로마 제국에서 유래하는 독일의 정치적 통일의 부재 등이다. 제3장과 제4장에서는 『법철학 요강』과 『역사철학 강의』가 좀 더 상세하게 다루어진다. 이 저작들이 저술되는 당시는 프랑스 군의 점령 하에서 독일 영방들의 근대화가 시작되고 최초의 내셔널리즘 운동이 고양되며 복고기로 이행해 가는 시대였는데, 이러한 역사적 맥락 속에서 저자는 헤겔이 근대 국가를 어떻게 파악했는지를, 요컨대 그의 정치철학이 어떻게 구체화되었는지를 설명한다. 『법철학 요강』에 대한 설명에서는 특히 헤겔 정치철학과 프랑스 혁명 및 나폴레옹 법전과의 연관이 추적되고 있으며, 『역사철학 강의』에 대한 설명에서는 그리스도교 이념과 자유 개념으로부터 자유 의식에서의 진보의 필연성, 즉 자유 원리의 실현으로서의 근대 국가의 모습이 제시된다. 마지막으로 제5장에서 저자는 헤겔의 사유양식이 그 후 독일 역사주의와 맑스주의 그리고 니체에 의해 어떻게 계승되고 변용되는지를 살펴보며, 나아가 현대에 헤겔 철학이 어떻게 재평가될 수 있는지를 고찰한다. 여기서는 먼저 헤겔 사유의 계승자들이 낭만주의에 대한 헤겔의 수용과 극복의 맥락을 도외시한 채 다시 낭만주의적 사고로 복귀한다는 점을 지적하는 한편, 동서 냉전의 종식 이후 지배적이 된 두 개의 역사관, 즉 '역사의 종언'론과 역사의 '큰 이야기'를 묘사하는 역사철학을 무시한 채 '작은 이야기'로 단편화하는 '역사=이야기'론이 역사의 교훈을 무시하고 시대의 대세에 추수하는 현재 중심주의를 초래한다는 점을 언급하고 있다. 결국 본서가 묘사하는 헤겔의 모습이란 유럽 근대를 규범적으로 근거지은 최초의 철학자이자 칸트에서 시작되는 관념론을 최후로 완성시킨 철학자라고 말할 수 있을 것이다. 헤겔이 '최초의 근대 철학자'라고 말하는 것은 헤겔이 근대에 관한 다양한 언설의 출발점에 위치하는 가운데 근대에 대한 우리의 견해를 현재까지도 결정하고 있기 때문이다. 헤겔이 '최후의 관념론의 완성자'라고 말하는 것은 우리를 둘러싼 현실 세계가 다양한 개념으로 구성되어 있으며 어떤 개념을 사용하는가에 따라 현실이 달리 보인다고 하는 관념론의 입장을 철저히 밀고나간 철학자이기 때문이다. 따라서 현실이 '개념의 자기운동'에 의해, 요컨대 우리 자신의 사유 활동에 의해 변할 수 있다는 헤겔의 신념이야말로 그 이후의 근현대를 그 근본에서 추동해 온 사상이라는 것이다.

물론 200여 쪽의 적은 지면에서 헤겔 정치철학의 전체를 그 영향작용사에 이르기까지 관통하기 위해서는 필연적으로 헤겔 철학의 많은 주제들이 도외시되고 또 취급되는 문제들이 개괄적인 수준에서 다루어질 수밖에 없을 것이다. 그러나 본래 저자의 의도가 텍스트의 부분들에 대한 주석적이고 문헌학적 이해를 자세하게 서술하는 데 있는 것이 아니라 헤겔 철학과 시대의 밀접한 연관 속에서 독자들에게 헤겔 정치철학을 전체적으로 조감할 수 있는 관점을 제공하는 데 있는 한에서, 이 『헤겔과 그의 시대』는 헤겔의 정치철학, 아니 헤겔 철학 일반에 대한 보기 드문 안내자일 수 있을 것이다. 그런 의미에서 옮긴이로서는 이제 서적의 작은 분량이 그것이 가져다주는 이해의 크기를 결정하는 것은 아니라는 점을 되새기면서 이 책이 독자들에게 헤겔 철학에 대한 이해를 가져다주는 가운데 독자들 스스로가 헤겔의 텍스트 자체를 독해하는 계기가 될 수 있기를 바랄 뿐이다.

옮긴이도 참여하고 있는 도서출판 b 기획위원회의 성원들은 이 『헤겔과 그의 시대』를 헤겔총서에 포함시키는 데에 흔쾌히 동의해 주었다. 이에 대해 심철민, 이성민, 이충훈, 정지은, 조영일 선생들께 진심으로 감사드린다. 또한 언제나처럼 이번에도 도서출판 b의 조기조 대표와 편집부의 백은주, 김장미 선생들은 그야말로 정성을 다해 책을 다듬어 주었다. 거듭되는 공동의 작업 속에서 이제는 어떠한 감사의 표현도 충분하지 못할 것이다. 고단한 삶 속에서도 b에서의 부대낌이 삶의 기쁨의 실마리가 될 수 있기를 바랄 뿐이다.

2014년 6월, 섬밭로 우거에서
이신철

헤겔 총서 ⑤

헤겔과 그의 시대

초판 1쇄 발행 ● 2014년 8월 1일

지은이 ● 곤자 다케시
옮긴이 ● 이신철
펴낸이 ● 조기조

펴낸곳 ● 도서출판 b
등록 ● 2003년 2월 24일 제12-348호
주소 ● 151-899 서울특별시 관악구 난곡로 288 남진빌딩 401호
전화 ● 02-6293-7070(대)
팩시밀리 ● 02-6293-8080
홈페이지 ● b-book.co.kr
전자우편 ● bbooks@naver.com

정가 ● 18,000원

ISBN 978-89-91706-82-8 93160